서울대학교 미래교육혁신센터 학술 총서

미래교육의 방향과 실제 I

임철일, 강신천, 박전규, 성민창
송석리, 조규락, 최숙영, 황요한

교육과학사

서울대학교 미래교육혁신센터는 2017년 이후 미래교육에 관한 다양한 담론을 포럼의 형태로 이끌어 가고 있다. 지난 2020년 코로나 이후부터는 줌을 활용한 온라인 방식의 포럼이 이어져 오고 있다. 특별히 2022년 이후 최근에 이르기까지 미래 교육 일반론으로부터 시작하여 AI융합 교육 그리고 생성형 인공지능의 교육적 활용에 관한 주제를 다루었다. 이 책은 지난 일 년 반 동안의 포럼 형태에서 다룬 주제를 책의 형태로 발간함으로써 이 분야의 관심과 지평을 확대하고 넓히는 의도로 기획되었다.

미래교육에 대한 논의가 더욱 활발해져 가고 있다. 4차 산업 혁명의 유행어와 함께 시작한 미래교육에 관한 담론의 폭과 깊이는 2023년, ChatGPT의 등장과 함께 유례가 없이 확장되고 있다. 머리가 어지러울 정도로 새로운 혁신적 기술이 하루가 다르게 교육 현장으로 쏟아져 나오고 있다. 예컨대, Gamma와 같은 생성형 인공지능 기술을 활용하여 이미지가 포함된 발표 자료를 몇 초 만에 만들어 낼 수 있다. 얼마 전에는 상상도 못 했던 기술들이 교육 현장에 미래교육이라는 이름으로 빠르게 확산되고 있다.

생성형 인공지능이 가지고 있는 교육적 파급력은 제1부의 주제, 즉 미래교육과 새로운 교육 환경이라는 큰 틀에서 바라볼 필요가 있다. 제1장은 보다 근본적인 질문 즉, 미래 세대에게 필요한 소양이 무엇이고, 이를 위해서 학교는 어떠한 노력을 하여야 하는가에 대한 답을 모색하고 있다. 제2장은 미래 교육의 구체적 모습으로서 개별 학습자가 클라우드 환경에서 스마트 기기를 가지고 학습에 참여할 때 어떠한 효과를 가져올 수 있는가를 교사와 학생의 인식과 역량 변화 측면에서 밝히고 있다.

제2부는 인공지능의 교육적 활용이라는 주제를 다루고 있다. 생성형 인공지능에 의하여 촉발된 인공지능 교육에 대한 관심은 인공지능의 폭넓은 영역에 비추어보면 빙산의 일각에 불과하다. 국내의 경우 특별히 AI융합교육이 주목을 받고 있는데, 이는 전국의 교육대학원을 통하여 AI융합교육 석사과정이 교사들의 재교육형태로 운영되는 것에 기인한다. 제3장은 데이터 사이언스의 기본 특성을 소개하면서 데이터 분석을 통한 문제해결의 중요성과 의의를 설명하고 있다. 데이터 사이언스에 대한 이해가 AI의 핵심 지식 영역을 차지하고 있다는 점에서 이 장은 AI융합 교육의 기초를 제시하고 있다. 제4장은 본격적으로 AI융합교육의 특징과 이것이 추구하는 역량이 무엇인가를 소개하면서 AI융합교육의 사례를 보여주고 있다. 제5장은 중등교육의 구체적 맥락에서 AI융합교육의 특징을 데이터 과학 기반 융합교육의 사례를 통하여 제시하고 있다.

제3부는 본격적으로 생성형 인공지능의 교육적 가능성을 다루고 있다. 먼저 제6장에서는 인공지능 일반과 생성형 인공지능으로서 ChatGPT가 에듀테크 분야에서 어떻게 활용되고 있는지와 어떻게 교육에 기여할 수 있는가를 제시하고 있다. 제7장은 외국어 교수학습에서 ChatGPT의 활용을 커스터마이징 관점, 즉 자신의 필요에 맞게 활용하거나 이전과 다른 방식으로 적용하는 방안을 제시하고 있다. 마지막으로 제8장은 ChatGPT가 코딩교육을 불필요하게 만들기보다는

역설적으로 더욱 강화되게 한다는 관점을 보여주고 있다.

새로운 혁신 기술을 제외하고 미래교육의 담론을 이끌어가는 것은 불가능에 가깝다. 하루가 다르게 나타나는 새로운 기술을 효과적, 효율적, 매력적으로 필요한 곳에 활용하는 방안을 탐색할 필요가 있다. 미래 사회를 이끌어갈 주역들에게 필요한 데이터 리터러시, 디지털 리터러시, 인공지능 리터러시를 위해서는 교육에서 혁신 기술의 활용이 불가피하다. 이 책은 이러한 필요성과 구체적인 해결 방안을 제시하고 있다. 이제 막 시작한 미래 교육을 그리는 새로운 작업에 여러분의 동참을 기대하여 본다.

2023.12.

저자 대표

임철일 교수(서울대학교 교육학과)

목차

PART 1

미래교육과 새로운 교육 환경

제1장 미래학교와 미래교육, 미래 세대를 위한 환경과 새로운 소양

제2장 클라우드 기반 스마트 기기 활용 교육의 특성과 효과

CHAPTER 01

미래학교와 미래교육, 미래 세대를 위한 환경과 새로운 소양

황요한(서울여자대학교 교양대학)

> "학생들이 스스로 융복합적 상황에서 필요한 자료를 바탕으로 문제를 도출해나가고, 자신이 도출한 문제를 스스로 해결해 가는 방안을 기획하여 운영할 기회를 제공해줄 수 있을 것이다(황요한, 문공주, 2020, 107)."

> "포스트 코로나 교육은 이전과 같지 않은 새로운 형태가 될 것이며, 이때 현재 우리가 경험하고 있는 비대면 교수-학습의 경험은 미래 교육 환경을 변화시키는 원동력이 될 것이다(황요한 등, 2021, 92)."

1. 시작하며

미래는 현재와 어떻게 달라질까? 현재를 살고 있는 우리는 항상 미래에 대한 기대, 혹은 걱정을 가지고 살고 있다. '카르페 디엠(carpe diem)' 현재 이 순간에 충실하라고 외치기에는 과학기술의 변화가 너무 빠르고, 그로 인해 파생되는 다양한 변화가 심각하게 느껴질 정도로 급변하고 있다. 지금 우리가 살고 있는 이 세상을 변화시키는 기술의 중심에는 AI(Artificial Intelligence), 인공지능 기술이 선두로 자리 잡고 있다. 이와 함께 크리스퍼(CRISPR) 기술로 대변되는 유전자편집 기술, 생명공학 기술이 무서운 속도로 발전하고 있다. COVID-19(코로나)로 인해 온라인과 비대면으로 강제되었던 우리 사회에서는 ZOOM이나 Google Meet 등의 화상회의 프로그램들도 나왔지만, 그 사이에 Metaverse라는 이름으로 가상현실 플랫폼이 등장하기도 하였다. 그 시기에 나온 가상현실, Metaverse라고 했던 tool들은 진정한 의미의 가상현실로 보기는 어렵지만, AI 기술이 급성장하고 있는 지금 다시 한 번 진정한 Metaverse 기술로 인한 사회변화가 뜨거운 감자처럼 올라오고 있다.

코로나 사태를 겪으며 학교는 큰 진통을 겪었다. 그 진통의 종류는 굳이 말로 꺼내지 않아도 될 정도로 모두 체감하였을 것이다. 이로 인해, 교육에 있어서는 변화가 강제될 수밖에 없었고, 누가 먼저라 할 수 없이 학교에는 새로운 시도들이 다양하게 일어났다. 준비되지 않은 시기에 벌어진 큰 재해는, 우선 학교와 교육을 마비시켰고, 오랜 진통 끝에 학교 교육이 다시 재개되었지만, 어떤 것 하나 순탄하게 진행되지 않았다.

코로나 사태가 어느 정도 종식되기도 전에, AI 기술이 갑자기 터져 나오기 시작했다. 물론 이전에도 AI는 사람들을 깜짝 놀라게 할 만큼 큰 사건들을 일으켰다. IBM에서는 딥 블루(Deep Blue)라는 이름의 체스 컴퓨터를 개발하였고, 딥 블루는 체스 세계 챔피언인 게리 카스파로프(Garry Kasparov)를 꺾었다. 이 사건은 21세기가 되기 전인 1997년에 일어난 사건이다. 21세기에는 IBM 왓슨(Watson)이 제퍼디

(Jeopardy) 퀴즈쇼의 최강자로 알려진 브래드 루트너(Brad Ruttner)와 켄 제닝스(Ken Jennings)를 상대로 2011년에 승리를 거두기도 했다. 그리고 우리나라와 중국을 놀라게 했던 딥마인드(DeepMind)가 개발한 알파고(AlphaGo)는 2015년에 바둑 세계 최고수인 한국의 이세돌을 이겼다(CIOKOREA 기사, 2017.02.03.). 카네기 멜런 대학교(CMU, Carnegie Mellon University)에서 개발한 AI 리브라투스(Libratus)가 포커게임에서 블러핑(속임수)을 예측하거나 사용하면서 우승까지 한 것이 2017년이다.[1)]

인공지능은 좁은 AI, 범용 AI, 슈퍼 AI로 나눌 수 있다. 이전에 이야기했던 IBM 왓슨, 알파고 등은 좁은 AI이고, 좁은 범주의 AI를 전제로는 인공지능 법안도 입법되어있다. 하지만, 2022년부터 터져 나온 AI들은 좁은 AI가 아니었다. 그림을 그려주는 DALLE, 미드저니, 우리 사회를 놀라게 한 ChatGPT는 범용 AI로 우리가 생각하고 인지하는 범주를 뛰어넘는다. 이런 범용 AI에 대해서는 아직 법안이 나와 있지도 않고, 해킹, 탈옥(Jailbreak)의 위험까지 도사리고 있다.

미래에 대한 두려움을 가지고 오는 큰 요인이 또 있다. 바야흐로 기후위기의 시대가 되어버렸다. IPCC(기후변화에 관한 정부 간 협의체)에서는 제6차 평가주기(AR6) 보고서(2021)에서 절망적인 미래 예측을 하면서, 우리에게 극도의 행동변화를 요구하고 있다. 2018~2019년에 작업된 IPCC 특별보고서(1.5도 특별보고서)에서 이미 많은 문제 제기를 해왔지만, 6차 보고서를 통해 전 지구적 심각성을 다시 한 번 깨닫게 되었다.

1) Thor Olavsrud. '포커'마저 정복… AI, 불완전 정보의 신세계에 진입하다
https://www.ciokorea.com/tags/22854/리브라투스/32952

[그림 1-1] IPCC 제6차 평가보고서 표지

* 표지에 있는 이미지는 미국의 디지털 아티스트 Alisa Singer가 그린 그림으로, "A Borrowed Planet-Inherited from our ancestors. On Loan from our children"이라는 제목을 가지고 있다. 이는 "빌린 행성(지구), 조상들로부터 물려받은 유산. 우리 아이들에게 빌려온 것"이라는 뜻이다. 미래 세대로 보이는 아이들이 놀고 있는 듯한 이미지의 배경이 매우 혼란스럽고, 한편으로는 그림의 목적을 알아보기 힘들 만큼 암울한 느낌을 준다.

미래학교는 이러한 기후위기와 AI를 근간으로 한 기술의 급격한 변화에 어떠한 교육을 해야 할까? 이 답을 찾기 위해서는 먼저 미래 세대에게 필요한 소양이 무엇이고, 그 소양을 기르기 위해서 학교에서는 무엇을 해야 하며, 그리고 미래 세대가 이 지구에서 살아나가기 위해 어떠한 전략이 필요할까, 이 세 가지 질문에 대한 답변이 필요할 것이다.

2. 미래 세대에게 필요한 소양

과학기술정보통신부와 4차산업혁명위원회(이하 '4차위')는 2018년 6월에 D.N.A.(당시에는 DNA로 붙여 사용했음) 전략의 데이터(Data)에 관한 계획을 발표하면서, '17년 12월에 의결한 '초연결 지능형 네트워크 구축방안(Network)', '18년 5월에 의결한 '인공지능 R&D 전략(AI)'과 함께 종합 대책이 마련되었다고 하였다. Data, Network, AI를 새로운 시대의 DNA라고 부를 만큼, 이 세 가지의 기술 기반은 미래 사회를 변화시키는 중요한 이슈이다.

Data 활용과 이해가 미래사회의 핵심 필요 역량이 될 것이고, 인공지능(AI)이 근간이 되는 초개별화(Hyper-individualizing, Hyper-personalizing) 미래사회가 펼쳐질 것이다. 초연결 지능형 네트워크의 구축은 영화나 드라마에서 볼 수 있듯이, 우리의 생활이 이뤄지는 커뮤니티의 구성요소들을 자동화하고, 조절, 통제할 수 있게 될 것이다.

2020년, 우리는 코로나19라고 부르는 COVID-19 바이러스로 인해 심각한 사회 구조의 마비와 비대면, 거리 두기 등의 변화를 겪었다.

2023년 현재 코로나19로 인한 사회 구조의 변화와 통제가 해제되었다고 하지만, 3년 이상의 시간 동안 경험한 새로운 사회 구조와 그 구조 속에서의 변화는 우리 사회를 급격한 변화로 이끌어왔다.

오프라인(대면)보다 온라인(비대면) 상황을 익숙하게 만들었고, 조금 잘못된 시작이었지만, 현재도 계속 발전 중인 메타버스라고 불렀던 가상현실의 초기 버전이 상용화되어 풀려나왔다. 그 사이에 생성형 AI 기술들이 엄청난 발전을 통해 그림을 그려주는 AI, 대화를 통해 답을 마련해주는 chat형 AI뿐만 아니라, 다양한 분야에서 상용화된 AI tool들이 나타났으며, 이 중 ChatGPT라는 tool의 등장이 사람들을 충격의 도가니에 빠뜨렸다.

앞서 말하였던 미래사회를 견인할 3가지 기술인 AI, 생명공학, 가상현실을 우리가 다 잘 할 수 있을 것이라고 기대하기는 매우 어렵다. 또한 MIT Technology Review(2023)에서 2023년에 발표할 2023년 가장 주목할 10대 미래기술(Breakthrough Technologies)에는, 제임스 웹 우주망원경(JWST), 콜레스테롤 수치를 낮추는 CRISPR 기술, 이미지를 생성하는 AI, 주문형 장기이식, 원격진료를 통한 임신중절, 개방형 표준의 반도체 칩 설계, 고대 유전자의 분석, 배터리 재활용, 자동차 산업의 주류가 된 전기차, 군사용 드론의 대중화가 제시되었다. AI와 생명공학 기술, 자동화 등과 관련된 다양한 기술들이 제시되고 있는데, 이러한 우리의 미래를 바꿀 핵심기술들 중에 우리가 실제로 잘 다룰 줄 아는 기술은 얼마나 있을까?

제시된 미래기술에 해당하는 전문 인력이 아닌 다음에야, 우리가 이 기술을 잘 다룰 줄 알기는 어렵다. 하지만, 기술이 어떤 것인지 알고 이해하고 있어야 하며, 필요시 사용할 수 있는 기본적인 능력이 필요하다. 여기서 말하는 능력을 4가지 단어로 가볍게 구분하여 설명해보자. 능력(ability)이나 기술(skill)은 실제로 그것을 할 수 있다는 의미를 가지는데, 여기서 '한다(do)'와 '사용한다(use)', '다룬다(deal)', '취급하다(handle)', '대우하다(treat)' 등의 동사를 포용한다고 볼 수 있다.

그리고 최근 우리가 많이 이야기하는 능력과 비슷한 용어로는 역량(competence)과 소양(literacy)이 있는데, 여기서 미래 기술을 '다룰 줄 아는' 능력이 아니라, '이해하고 활용할 줄 아는 수준'을 소양(literacy)으로 표현하고자 한다. literacy는 우리말로 번역할 때 '문해력', '문식력' 등으로 번역되고 있으며, 이는 읽고 쓸 수 있는 능력, 조금 더 나아가 무엇인가에 대해 말할 수 있는 능력을 이야기한다. 본 글에서는 정확한 한글로서의 의미를 가지기 힘든 표현이라 생각하고 '리터러시'라고 영어단어를 읽는 형태로 표현을 통일하고, 무엇인가에 대해 '읽고 이해하고 쓰고 말할 수 있는 힘'이라고 하겠다.

2.1. 디지털 리터러시와 데이터 리터러시

디지털 리터러시(Digital Literacy)와 데이터 리터러시(Data Literacy)는 둘 다 AI의 핵심 기술인 Deep Learning과 약자가 같다. 그래서 뭔가 더욱 AI 미래교육의 핵심 소양이라는 생각이 들기도 한다!(농담 같지만 진담이다)

디지털 리터러시는 오래전부터 우리나라에서는 국어교육전공에서, 외국에서는 literacy education 전공에서 연구되어오는 주제 중 하나이다. 당시부터 지금까지 이 분야에서 가장 중요한 주제 중에 하나는 서책으로 읽기를 주로 하던 시대에서 모니터로 읽으며 정보를 습득하는 형태로 변화되는 시기에 대한 연구 주제였다. 디지털 세대라고 불리는 아이들에게 디지털 기기를 통한 읽기와 이해가 어떻게 다르게 일어나고, 이는 학습이나 이해, 인지적 요인에 어떠한 변화를 주는가에 대한 연구가 많이 일어났다.

최근에 디지털 리터러시 분야는 또 다른 주요한 연구 주제가 있다. 단순히 모니터에서 글을 읽는 것이 아니라, 정보를 접하는 형태가 굉장히 다양해지고 있다. 단순히 책에서 보던 것을 모니터에서 pdf나 doc, hwp 문서로 보는 것으로 바뀌어가고 있다는 것은, 다중표상(multiple representation) 측면에서 큰 변화는 아니다. 인쇄된 활자와 인쇄된 표, 그림을 모니터상에서 보는 것이라면 오히려 일부는 효과가 높아지기도 하고, 환경에는 더 도움이 될 수도 있다. 하지만, 지금 세대에게 가장 영향력 있는 콘텐츠 형태는 '영상'이다. youtube 영상을 통해 주로 정보를 얻고, 쉽게 찾는다. 개발자들의 github, 일반인들의 블로그 글들을 보면서 다양한 매체를 통해 정보를 얻을 수 있다. 이를 통해 알 수 있듯이, 서책이나 글의 형태가 아닌 다양한 형태로 제공되는 디지털 환경에서 인간이 정보를 획득하고, 디지털 기기를 잘 사용하여 얻을 수 있는 정보를 이해하고 다시 말할 수 있는 능력이 새로운 연구 분야가 되어있다.

또한 정보의 신뢰성과 관련된 부분이 있다. 이렇게 다양한 매체를 통해 얻게 되는 정보는 그 신뢰성에 대한 부분은 판단이 어렵다. 정확한 정보였음에도 불구하고 출처가 불분명해서 인정되지 못하는 경우도 있고, 이러한 정보의 사실 여부, 흔히 팩트 체크가 잘 검토되기 어렵기 때문에 정보의 홍수, 범람의 시대라고 한다. 디지털 리터러시는 이러한 정보의 사실 여부 검증, 팩트 체크, 정보를 분별하고 판별하는 것도 포함하게 된다.

이러한 정보의 판별과 관련된 소양으로 데이터 리터러시가 중요한 소양으로 다뤄진다. 데이터 리터러시는 제공된 정보를 잘 이해하고 판별하고, 새로운 형태로 가공하고 분석할 수 있는 능력을 이야기한다. 다만, 데이터 리터러시는 AI 시대에서는 더 많은 범주와 대량의 데이터를 다룰 수 있는 능력을 포함해서 이야기하게 된다.

예를 들면, 현재 가장 이슈가 되고 있는 주제 중에 하나인 기후위기, 유네스코 사무총장이 최근에 더 이상 지구온난화가 아니라 지구열대화라고 불러야 한다고 말할 정도로 심각한 위기 상태인 기후 변화에 대해 이야기해보자. 많은 사람들이 기후 변화가 심각하고, 탄소배출량을 감소해야 하고, 쓰레기를 줄여야 한다, 텀블러를 사용하고 에코백을 사용해야 한다 등 다양한 이야기를 하고 있다. 하지만 아직까지도 누군가는 내가 왜 그러한 불편함을 감내해야 하는지에 대해 심각함을 느끼지 못하고 있다. 간혹 이런 사람들에게도 우리나라뿐 아니라 전 지구적으로 수합된 데이터를 받아, 그 데이터를 해석하여 그래프로 표현하고, 어떠한 변인들이 개입되어 기후가 위기상태가 되었는지 알려준다면 받아들일 수도 있다. 그리고 현재의 상태가 그대로 지속된다면 어떤 미래가 펼쳐질 수 있는지를 데이터의 종합적이고 귀납적인 추론을 통해 알려준다면, 심각성을 인지할 수도 있다.

이러한 데이터를 활용한 첨단교구 활용 교육을 [그림 1-2]에 4가지 형태로 구분해보았다. 우리는 대부분 가지고 있는 스마트폰 등의 교구를 활용하여 데이터를 실시간으로 생성해낼 수 있으며, 이렇게 실시간으로 현장에서 생성해낸 데이터를 모아 교육에 활용할 수 있다.

또한 기존 데이터이든, 실시간으로 생성한 데이터이든 간에 코딩을 통해 데이터를 분석 변환하고 조작하여 시각화하거나 다양한 형태로 변환하여 표현해볼 수 있다. 그리고 우리가 만들지 않은 데이터라도 인공위성 데이터, 국립해양대기청 데이터 등을 다운 받아서 빅데이터를 활용하여 분석하고 의미를 도출해볼 수 있다. 또한 네트워크를 겸해 사용하는 IoT 센서와 데이터 플랫폼, 서버, 애플리케이션 등을 이용하여 여러 곳에서 생성하거나 찾은 데이터를 공유하여 함께 분석해볼 수도 있을 것이다.

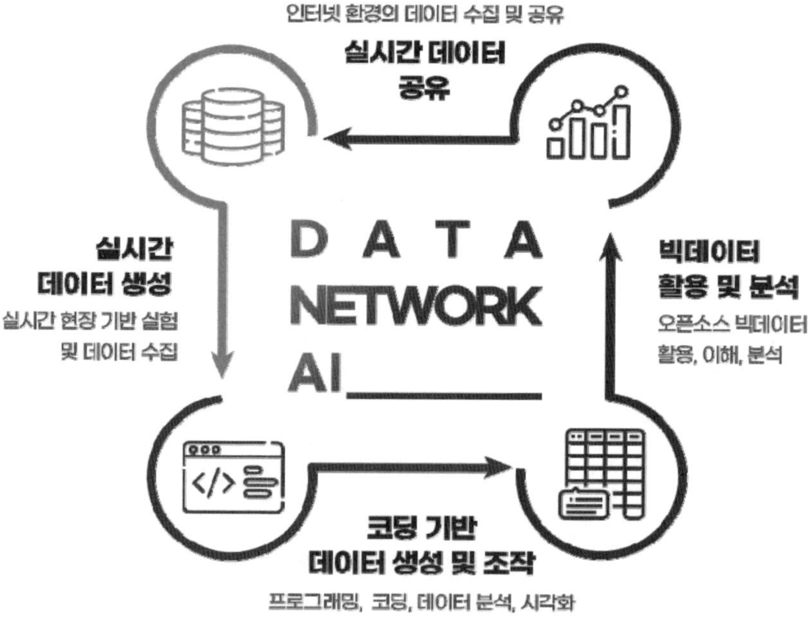

[그림 1-2] 첨단교구활용 데이터 기반 학습 모형

2.2. Computational Thinking

[그림 1－3]은 디버깅(Debugging) 상황을 보고 해결하고자 하는 아이들의 모습을 연출하여 생성 AI를 가지고 그려본 그림이다. '실패는 성공의 어머니'라는 말은 귀에 닳도록 들어보았을 것이고, 실패교육이 필요하다, 실패하는 것이 중요하다는 말들을 많이 하고 실패 연구소와 같은 모임도 있지만, 실제로 실패를 어떻게 하고, 그 실패를 교두보 삼아 새롭게 전진하는 방법이 무엇이냐고 물어보면 답하기가 쉽지 않다.

[그림 1-3] 오류(에러)를 수정하는 작업을 의미하는 '디버깅(debugging)'
(created with Dall·E 3)

하지만, Computational Thinking(컴퓨팅 사고)에서는 디버깅(debugging)이라는 요소를 통해, 단순하게 실패를 개선하는 교육의 흐름을 만들어두었다. 위키백과에서는 '디버깅' 또는 디버그는 '컴퓨터 프로그램 개발 단계 중에 발생하는 시스템의 논리적인 오류나 비정상적 연산(버그)을 찾아내고, 그 원인을 밝히고 수정하는 작업과정'[2)]을 뜻한다고 하였다.

컴퓨팅 사고는 2012년에 공식화된 미국의 다음 세대를 위한 과학표준(NGSS)과 우리나라 2015 개정 과학과 교육과정에서 새로운 탐구 역량으로 제시되었다. 교육계에서는 Wing(2006)이 컴퓨팅 사고가 21세기 기본 소양 중 하나라고 주장하면서, 컴퓨팅 사고에 대해 관심을 가지게 되었다. 컴퓨터 학계에서 처음 소개되어 컴퓨터와 관련된 용어처럼 보이지만, 컴퓨팅 사고의 요소들은 일반적인 문제를 발견하고 분석하고, 자료를 수집, 해결책을 마련하는 등의 다양한 사고과정에서 사용할 수 있는 요소이기도 하다(황요한, 문공주, 2020; Wing, 2006).

컴퓨팅 사고의 요소는 국제교육공학협회(ISTE)와 미국컴퓨터교사협회(CSTA)뿐 아니라, MIT의 media lab, 영국의 사우스햄튼 대학교와 CAS(Computing at School), 우리나라의 한국학술정보원(KERIS) 등에서 다양하게 정의하고 있다. 황요한과 문공주(2020)는 이를 문제해결과정에 대한 여러 연구자의 단계 정의와 연결하여, 실제적 문제해결을 위한 과학탐구와 컴퓨팅 사고를 연결한 CT-SI 모델을 개발하였다.

---

2) https://ko.wikipedia.org/wiki/디버그

〈표 1-1〉 컴퓨팅 사고 요소의 추출과 CT-SI 모형에서의 각 요소별 정의(황요한, 문공주, 2020)

CT-SI frame	CT Voca	번역	정의
문제 인식			상황을 이해하고 해결해야 하는 문제가 있음을 인식하는 단계
문제 정의	problem decomposition	문제 분해	문제를 해결하기 위해 문제를 나누어 분석
자료 수집	data collection	자료 수집	문제를 해결하는 데 필요한 자료를 모으는 과정
자료 표상	data analysis	자료 분석	자료에서 특징을 찾고, 일반화하며, 패턴을 찾거나 수집된 자료와 문제에 주어진 자료를 세심히 분류하고 분석
자료 분석	data representation	자료 표상	문제해결을 위한 정보 획득을 위해 수집된 자료 간의 관계를 단순하게 구조화하여 표현함
해결안 탐색	prediction	예측	예상되는 결과를 분석한 자료를 기반으로 설명함
	abstraction	추상화	문제 해결을 위해 필요한 핵심 요소를 정하고 복잡도를 줄임
해결안 고안/수행	algorithms & Procedures	알고리즘과 절차화	문제 해결을 위한 과정을 순서적으로 표현
	automation	자동화	정보기기가 이해할 수 있는 언어로 해결방법을 표현
	simulation	시뮬레이션	문제를 해결하기 위한 과정과 절차를 미리 시도해보는 과정
	parallelization	병렬화	목표 달성을 위한 작업을 동시에 수행하도록 구성
평가/일반화	debugging	디버깅	해결안을 평가하고 오류를 수정함

〈표 1-1〉에서 두 번째 영문으로 적힌 용어가 컴퓨팅 사고의 요소에 해당되는 요소들이고, 그 옆의 번역이 한국어로의 번역이다. 다만, 몇 개의 단어는 적합한 번역을 하기 어려워, 영문 발음 그대로 명기하였다. 뒤에 있는 정의는 컴퓨팅 사고 자체의 정의라기보다는, 일반적 문제해결 혹은 과학적 탐구 상황에서 컴퓨팅 사고의 요소대로 탐구가 수행된다면, 각 컴퓨팅 사고가 실제적인 상황에서 어떠한 소양이나 역량으로 해석될 것인가에 대해 작성한 것이다.

이렇게 해석을 해보니, 컴퓨팅 사고는 미래세대에 데이터를 기반으로 한 과학 탐구 및 일상 생활 문제해결에서 필수적인 역량으로 보인다. 또한, 데이터 리터러시를 기반으로 하는 컴퓨팅 사고는 이제 컴퓨터를 할 때만 드러나는 소양이 아니라, 일반적인 상황에서도 우리가 각 용어의 과정을 이해하고 수행할 수 있어야 하는 과정이다.

특히 디버깅과 추상화, 병렬화는 기존 문제해결 단계에서 주로 보이지 않는 단계로서, 디버깅은 앞에서 실패 혹은 오류 수정을 통한 최적화 과정으로 설명하였다. 추상화(abstraction)는 일상생활 문제의 복잡성(complexity)을 낮추어 문제 해결을 위해 필요한 핵심 요소를 정함으로써 창의적 사고(creative thinking)를 가능하게 하는 과정이다. 병렬화는 미래의 협업모형으로, 우리가 일상생활의 문제 혹은 과학적 문제를 해결하는 과정에서 혼자의 힘으로 해결하는 것이 아니라, 여러 사람이 협력적으로 문제를 해결한다고 보았을 때, 필요한 작업을 동시다발적으로 병렬적으로 수행하도록 업무를 배열하고 분리 혹은 종합할 수 있는 능력을 말하는 것으로, 미래의 협력적 문제해결을 수행하는 사람에게 있어 필수적인 소양이 된다.

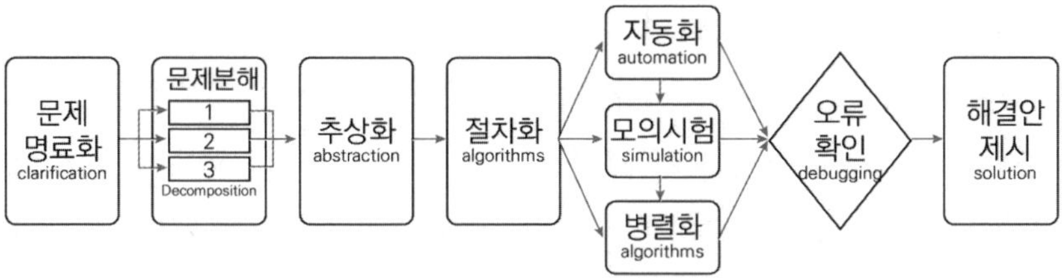

[그림 1-4] 문제 해결형의 컴퓨팅 사고 기반 과학 탐구의 진행에서 각 요소의 위치(출처: 황요한, 문공주, 2020)

이러한 실제 문제해결에서 우리가 흔히 사용하지 않던 추상화와 디버깅의 위치가 어디에 들어가는지 표시를 해보았다. 이런 과정들이 해결해야 하는 문제를 만났을 때, 더 정확하고 명확하게 문제를 해결해나가는 방법을 제시할 수 있으리라 생각한다.

2.3. 과학적 소양(scientific literacy)

여기서 과학적 소양은 과학 소양과는 다른 의미로 이해해야 한다. 구분해서 생각하기 위해 과학을 알고 이해하고 쓰고 말할 수 있는 능력을 '과학 소양(Science literacy)'이라고 하자. 협의의 의미로서 과학은 자연과학, 혹은 자연계에 대한 지식체계에 대한 이해를 의미한다고 보고, 여기서 말하고자 하는 과학적 소양(Scientific Literacy)은 넓은 의미의 '과학적'이라는 의미를 가지고 설명할 것이다. 광의의 과학은 지식, 학문, 철학을 모두 포용하기도 하며, 귀납법, 연역법, 유추 등 추리와 절차를 논리적으로 표현하거나 이해할 수 있는 것까지 포용하기도 한다. 세상을 논리적으로 바라보고, 변화의 상황을 자신의 것으로 받아들이고 포용하되, 적응하여 추론해보고 사고하며 고민할 수 있는 것을 말한다. 이런 과정에서 학생들이 조금 더 문제해결의 시각에서 사물이나 현상을 바라보고, 설명할 수 있는 것을 의미한다.

과학적 소양에 대해서 더 길게 설명하지 않는 것은, 이미 이 정도의 설명만으로도 저자가 말하고자 하는 과학적 소양에 대한 개념이 이해 가능하기도 하며, 여기서 말하는 과학적 소양이 앞에서 설명한 데이터 리터러시, 컴퓨팅 사고 등을 포용하는 개념으로 문제해결을 위한 논리적 사고력의 일환으로 충분히 이해될 수 있기 때문이다.

3. 미래 세대에게 필요한 소양을 길러주기 위한 학교의 변화

3.1. 초개별화교육과 미래학교의 혁신

[그림 1-5] 영화 '고장난 론'의 한 장면. 로봇 충전 사물함[3)]

위의 장면은 2021년 10월에 개봉한 월트 디즈니 제작 '고장난 론' 애니메이션 영화의 한 장면이다. 영화의 배경 시대(미래)에는 '세상에

3) [고장난 론] 메인 예고편. 0:38 장면 캡처. https://www.youtube.com/watch?v=-2ehX5h91HM&t=38s

서 가장 빠르고 완벽한 최첨단 로봇인 비봇'이 모든 아이들의 친구가 된다. 비봇이 없으면 친구도 못 사귀는 분위기로, 비봇이 나의 모든 것을 다 알아서 처리해주는 시대이다. 영화의 주요 스토리는 비봇을 가지고 싶었지만 혼자 없는 주인공인 '바니'가 고장 난 비봇인 '론'을 선물받게 되면서 벌어지는 사건 사고와 모험, 우정의 이야기이다. 이 영화에서 비봇은 아이들의 모든 것을 알고 있고, 아이들의 상황에 맞춰 필요를 제공하고 도와준다. 학교, 교육을 배경으로 한다면, 우리가 흔히 논의하는 로봇 교사의 시대, AI가 학교에 들어온다면 어떻게 될까에 대한 질문에 대한 하나의 답의 사례가 될 수 있을 것 같다.

이 애니메이션을 보면서 본 저자가 다행이라고 생각했던 부분이, 지금 캡처한 저 장면이다. 아이들과 함께 다니는 1인 1로봇이 학교 수업시간에는 '다행히도' 로봇 충전 사물함에 배치되어있다. 만약, 모든 학생들이 AI 로봇을 사용하고 있고, 그 로봇이 아이들의 필요에 맞춰 모든 것을 잘 공급해줄 수 있다면, 학교와 교사는 어떤 역할을

[그림 1-6] 초개별화 교육과 창의적 문제해결-미래학교의 역할과 통합적 혁신 교육 모델

해야 할까? 그리고 더 나아가 학교교육이 필요할까에 대해 미래교육의 차원에서 학교의 역할을 고민하고 있는 저자와 공동연구자들이 고민하고 있는 부분과 일부분 맞아 들어가는 부분이 있다.

초개별화 교육과 팀기반 창의적 문제해결활동으로 시작하는 미래학교 혁신 모델은 저자가 2021년에 서울대학교 창의교육거점센터 사업의 전담연구자로 연구를 기획하는 과정에서 제시한 미래학교의 모델이었으며, 현재까지도 미래교육과 미래학교에 대한 강의를 할 때마다 제시하는 미래학교 혁신 모델이다.

교육부에서 2021년에 기본계획을 수립하여 진행한 그린스마트미래학교 사업은 지금도 진행되고 있긴 하지만, 공간혁신 사업으로 초점이 맞춰진 상태이다. 미래형 교육과정 실현이 가능하도록 '공간혁신', '스마트 교실', '그린 학교', '학교 복합화'라는 4대 핵심요소를 갖춘 미래학교로의 변화를 추구하고 있다. 이 중 '스마트 교실'과 '학교 복합화'는 시대적 요구와 초단위 속도의 개발과 발전 상황 때문에 교육적 목표와 설계 수립이 제대로 진행되기가 어렵다. 미래학교와 미래교육의 설계는 몇 년 뒤를 예상하고 수립해야 할까? 과연 우리가 몇 년 뒤라고 말하고 생각한 미래는, 우리가 생각한 미래보다 도대체, 얼마나 더 빠르게 발전되어 있을까?

위의 그림을 그릴 때만 하더라도, 단순한 숫자로 '10년' 뒤 교육의 미래라고 이야기하였는데, 지금 생각해보면, 5년 아니 3년만 지나도 심각하게 고려해야 하는 모습의 미래일 것이라 생각이 든다. 바야흐로 이제 AI의 시대이다. 일반인들에게는 2022년 말 ChatGPT가 충격적으로 다가가거나 아직도 그 충격이 약간 부족해보이지만, 이미 그 전부터 LLM(Large Language Model: 초거대 언어모델)과 생성형 AI

(Generative AI)로 인한 충격적 미래가 곧 올 것이라는 것은 전문가들 사이뿐 아니라, 관심이 있는 사람들 사이에서는 충분히 이야기가 되고 있었다.

교육에 AI가 도입되는 것은 문제은행식 학습에서 학생의 응답 수준에 따라, 다음 문제를 제시해주는 수준의 초기 모델에서부터, 지금은 생성형 AI가 학생의 학습과 관련된 데이터를 어떻게 딥러닝하여 초개별화된 교육을 제시해줄 수 있는가에 대한 고민에까지 이르렀다.

'데이터 기반 의사결정'이 초거대 데이터와 모델과 함께 생성형 AI로 교육에 접목된다면, 단순히 입시에서의 문제뿐만 아니라, 학생의 일반적인 루트의 교육과 관련된 일련의 활동은 AI를 통해 이뤄질 수 있다는 초개별화 교육이 가능해질 것이다. 2023년 교육부에서 제시한 학생 맞춤 교육, 단 한 명도 놓치지 않는 개별 맞춤형 교육이 더 정교하게 가능해질 것이고, 개념과 내용을 학습하는 것에 있어서는 소외되는 상황이 없어지는 형평성이 높아지기도 한다.

그러면, 이러한 사회가 올 때, 학교와 교사는 어떤 역할을 해야 할까? 앞에서 예시로 든 '고장난 론' 영화에서 비봇이 상용화된 미래사회에서 학교는 어떤 존재일까? 학습은 비봇이 각 학생의 학습 역량과 진도에 맞춰서 다 챙겨줄 것이다. 기존의 수업은 1인이나 2인의 담임 및 부담임, 교과 담당 교사 체제로 반이나 학년 전체의 교육과정 및 진도를 맞춰 진행하는 모습이었다면, 미래 AI 시대에는 AI 학습 도우미(보조교사) 혹은 개인 봇이 도입되고, 개별학습이 진행된다. 학생 맞춤형 초개별화 교육의 수준이나 의존도가 높아진다면, 학교에서의 단체형 교실 수업은 학생들이 공부를 했는지, 권장 진도에 맞게 공부를 하고 있는지를 체크하는 정도일까? 교실의 전체수업보다는 개인학습, 소그룹 학습으로 전환되는 것이 효과적이지는 않을까? 그렇다면 학생들이 학교에 와야 하는 이유는 무엇일까?

우리는 여기서 '미래를 위한 핵심가치'를 대입하였다. 미래교육 전환을 위한 정책과제에서 제시한 핵심가치는 '지속성, 포용성, 자율성, 안정과 건강'이었고, AI시대에도 다르지 않은 '미래 사회를 주도할 인성 역량을 갖춘 민주시민 육성'은 그 문구와 종합계획[4]의 차수는 조금씩 변하겠지만, 중요한 교육 목표일 것이다. 여기서 중요한 두 가지 목표는 1) 책임 있는 사회 참여를 위한 시민적 인성의 함양, 2) 타인, 공동체, 자연을 존중하고 배려하는 인성의 함양이다. 이러한 비전과 목표 달성을 위한 핵심가치의 추구를 위해 필요한 것은 학교에서의 공동체 구성과 협동을 통한 창의적 문제해결(Cooperative-Creative Problem Solving) 과정을 배우는 것이라고 생각하였다.

이것이 학교가 사회화의 역할만 주로 맡는 것으로 오인되지는 않았으면 좋겠다. 당연히 사회와, 협동 등의 역할이 남아있는 것이지, 이것만이 전부는 아니다. 학교에서 공동체 혹은 그룹으로 함께 해야 하는 것들이 많이 있다. 학습이 초개별화되어 진행되는 것까지의 변화 속도는 그렇게 빠르지는 않을 것으로 보인다. 우리에게는 충분히 준비할 시간이 있을 수도 있다. 하지만, 조금씩 그 변화를 빨리 따라가야 한다. 확실한 것은 미래사회로 갈수록 인간성과 사회화 과정을 위한 공동체 의식 제고, 우리가 살고 있는 사회의 실제적인 문제를 함께 해결해나가는 것은 더 중요하게 여겨질 것이라는 점이다. 이러한 협동을 통한 창의적 문제해결이야말로 미래 학교가 지향해야 하는

4) 제2차 인성교육 종합계획. 교육부(2020.10.)

가장 중요한 역할과 교육 방식이다.

그렇다면 교사는 어떤 역할을 하게 될까? 사실 교사의 자리매김에 대한 변화는 오래전부터 제기되고 있지만, 현재의 학교 모습에서는 어렵다. 거의 불가능하다. 교사는 지식전달자가 아닌 퍼실리테이터(촉진자)로서 자리매김해야 한다고 하는데, 이것이 어려웠던 이유는 현재의 학교 시스템이 교과 중심적으로 구성되어있기 때문이다. 퍼실리테이터로서 교사가 역할을 수행할 수 있게 되려면 이러한 교과, 내용 중심적 학습보다 범교과 혹은 탈교과적 운영이 우선시되어야 하고, 학교의 전체적인 구조 개편이 필요하다. 그런데 AI가 교육현장에 들어온다면, 이 부분이 일부 해소될 수 있다. 교과 내용은 AI 보조교사가 초개별화된 교육 정보 제공 및 컨설팅을 통해 학습하도록 하고, 교사들은 학생들의 활동, 특히 학습 과정에서의 그룹 컨설팅 중심으로 운영하는 것이 가능해진다는 것이다.

이런 상황이 다가오면 교사들은 또 하나의 근심거리가 발생하는데, 그것은 학생들이 너무 다양한 주제와 내용을 가지고 와서 프로젝트를 하겠다고 하는데, 그 내용을 교사가 모두 알고 있을 수 없다는 것이다. 단도직입적으로 말해서, 교사가 모두 알고 있을 필요가 없고, 알고 있을 수도 없다. 교사의 자리매김에는 학교 내외 구성원 모두의 교사의 역할에 대한 중요성을 인식하는 것이 중요한데, 이 부분에서 가장 중요한 것이기도 하다. 교사는 학생들이 알고 싶어 하는 모든 것을 알고 있는 존재가 아니며, 지식적인 부분의 충족은 AI 보조교사를 통해 가지되, 교사는 학생들의 생활과 학습 태도, 공동체성, 협동심 등의 인성을 길러주는 데 가장 중요한 역할을 하는 지도자이자 촉진자라는 것이다.

교사도 학생들과 때로는 동료 학습자로서 함께 상호 피드백을 제공하며 함께 성장해 나가야 하는 자리이다. 그린스마트미래학교에서의 학교 복합화나 리빙랩(Living lab)에서의 우리 사회의 문제를 함께 해결해나가는 공동체적 거버넌스에서, 교사는 중심인력으로서 퍼실리테이터로서, 문제해결자들의 조율자로서의 역할을 하게 될 것이다.

이런 교사의 역할까지 규명이 되고 나면, 학교 교육의 모습은 지식을 배우는 것보다는 우리 사회에서 직접 겪고 있는 실제(authentic) 문제를 해결하는 형태를 가지게 될 것이다. 협동을 통한 팀기반 문제해결 활동이 학교에서 학생들이 가장 많이 하는 활동이 될 수 있고, 동료학습, 예술, 체육 학습들이 학교에서 일어날 것이다. 학생들은 학교에 접목되어있는 다양한 기술(에듀테크)을 활용하여 문제해결을 시도해볼 수 있고, 내가 겪고 있는 문제를 해결해나감으로써 지역사회의 구성원으로 성장해나갈 수 있다.

미래학교는 이러한 복합화나 거버넌스적 구성에서 구심점의 역할을 하게 될 것이다. 학교를 둘러싸고 있는 사회는 학교의 교육을 위한 학교 밖 자원(비형식적 교육 자원: informal education source)이 되며, 학교는 지역 사회 공동체 구성원들과 함께 문제해결을 위한 거버넌스의 중심이 되어 리빙랩을 실현해나간다. 학교가 사회의 구심점이고, 사회는 학교를 둘러싸고 보호한다. 어린아이들의 안전을 위해 학교뿐만 아니라 우리 사회가 함께 노력해야 한다는 이야기가 있다. 미래사회에서는 아이들의 안전뿐 아니라 교육과 성장을 위해 우리 사회가 함께 노력해야 하고, 사회가 큰 학교화가 되기도 할 것이다.

3.2. AI 교육의 미래와 기본 Framework

현재 초중등에서의 AI 활용 교육은 미국의 AAAI(인공지능진보협회)와 CSTA(컴퓨터과학교사협회)에서 지원하고 있는 AI4K12[5])로, K-12 (우리나라 기준에서 7~19세)에 해당하는 아이들의 AI 교육을 위해 다양한 연구와 가이드라인을 배포하고 있다.

2022년 우리나라에서도 정부부처 합동으로 디지털 인재양성 종합방안을 발표하고 디지털 100만 인재 양성을 목표로 한다고 하였다. 물론 교육계의 대학 교육 및 교사교육뿐 아니라 산업계의 역량이 결집되어 진행되어야 하는 일이지만, 그만큼 학교에서의 부담은 더 커졌다. 2022년 겨울부터 디지털 새싹이라는 이름으로 SW-AI 교육 캠프 사업도 운영되고 있다. 다양한 콘텐츠와 기술이 학교로 밀려들어오고 있다.

이러한 상황에서, AI4K12에서는 AI교육에 대한 Big Idea로 5가지 가이드라인을 제시하고 있다.

- Perception: 센서를 이용하여 지각하는 것, 데이터를 인지하는 과정에 대한 이해
- Representation & Reasoning: 모델링, 모델을 사용한 추론 및 의사결정에 대한 이해
- Learning: AI 모델 사용을 통해 AI가 학습하는 과정에 대한 이해, 신경망에 대한 이해, 데이터 훈련과정에 대한 이해
- Natural Interaction: 기계가 언어를 이해하는 과정에 대한 이해
- Societal Impact: AI로 인한 윤리적 문제, AI의 한계 등에 대한 인식

5) ai4k12.org

처음에는 데이터의 의미, 문제에 답하기 위해 데이터를 사용하는 방법에 대한 이해를 포함하여 6개의 프레임워크로 제기되었으나, 현재는 위의 5개의 가이드라인으로 제시되고 있다.

교육부는 2020년 11월에 인공지능 시대 교육정책방향과 핵심과제를 제시하면서, '인간다움과 미래다움이 공존하는 교육 패러다임 실현'을 비전으로 제시하였고, 인재상으로는 감성적 창조 인재, 학습환경으로는 초개인화 학습 환경, 정책과정으로는 따뜻한 지능화 정책을 말했다. 말이 어렵지만 조금 풀어서 설명해보자면, 감성적 창조 인재란 인간 중심의 사고를 바탕으로 하여, 새로운 구조를 만들 수 있는 인재를 말한다. 따뜻한 지능화 정책이란 데이터에 기반한 정책, 데이터를 기반으로 한 의사결정을 하되, 혁신적인 기술을 포용적으로 사용하여 소외되는 사람 없이 기술의 혜택을 받을 수 있도록 하자는 것이다.

이런 부분을 고려한다면, AI를 활용한 미래의 교육의 방향은 아래와 같은 예를 들어볼 수 있을 것이다. 기본적으로 학생들이 프로젝트형으로 진행하는 방식으로 1) 문제인식에서부터 설계, 해결까지 전체 과정을 자기주도적으로 수행해볼 수 있도록 과제를 제시하는 방식, 2) AI에 대한 이해가 우리 사회의 문제해결에 도움을 줄 수 있다는 것을 깨달을 수 있는 경험(사례)을 제공하는 방식, 3) 인문학, 사회학, 과학, 기술, 공학, 예술 등 다양한 학문의 융합적이고 간학문적인 주제를 활용하여 실생활 문제로 접근하는 방식, 4) 학습자의 다양한 특성을 고려하여, 기계가 언어를 이해하는 과정을 이해하듯이 학습자의 특성을 고려한 학습 자료를 제공하는 방식, 5) AI의 한계나 윤리적 문제를 문제해결과정에 대입시켜보면서, 인간의 역할과 인간의 책임 등을 이해할 수 있도록 하는 방식이 있다.

디지털 생태계에서 AI 교육과 디지털 교육, 스마트 교육 등 다양하게 등장하는 새로운 교육 패러다임은 교육자들에게 혼란을 가중시킬 수 있다. 하지만, 우리가 무엇을 가르쳐야 하고, 왜 이것을 가르쳐야 하는가를 명시적으로 확인하고, 이것을 어떻게 가르치고 어떤 환경에서 가르치느냐에 대한 변화의 물결에 함께 탑승한다면, AI로 인해 바뀌는 교육의 환경을 즐겁게 받아들일 수도 있을 것이다.

3.3. 미래 세대가 지구에서 살아가기 위해 해야 할 일들

미래교육이라는 이야기를 지금까지 해왔고, 앞으로도 계속 할 것이다. 그런데, 미래 세대가 지구에서 언제까지 살 수 있을까?

아래 그림은 미드저니라는 그림을 만들어주는 AI에게, 2080년대와 2100년대의 한 잔의 커피 일러스트레이션을 그려달라고 요청해서 받은 결과물이다.

2080　　　　2100s

[그림 1-7] 미드저니(생성 AI)가 그려준 2080년과 2100년 배경의 '한 잔의 커피' 일러스트레이션(by 조남경, AI FRENZ) (Created with Midjourney)

그림을 보면 어떤 생각이 드는가? 디스토피아(부정적인 세계에 대한 픽션)로서 그려진 그림이라고 할지라도, 이 그림에서 보여주는 2080년의 세계는 물에 잠겨 있는 것 같다. 기후 문제로 인해, 해수면이 상승해서 모두 물에 잠겨있는 모습은 아닌가 생각이 든다. 2100년의 세계는 지구가 불타오르고 있는 것 같다. 생성 AI에게 이런 장면을 그려달라고 한 것이 아니다. AI가 스스로 이런 그림을 그려서 제공해 주며, 저자에게 2080년에 지구는 물에 잠길 것이고, 2100년의 지구는 불타고 있을 것이라고 말하는 것 같았다.

현재 기후 문제는 굉장히 심각하다. 우리가 살고 있는 이 시점에서도 2022년 강남을 중심으로 한 폭우 문제, 2023년 태풍과 폭우로 인한 산사태, 지하차도 잠김으로 인한 인명 피해가 끊이지 않았다. 우리의 자녀들이 이 지구에서 계속 살 수 있게 하기 위해 우리는 무엇을 해야 할까?

[그림 1-8] 17개의 지속가능발전목표(K-SDGs) (국가지속가능발전포털)[6]

6) 국가지속가능발전목표(K-SDGs) https://ncsd.go.kr/ksdgs?content=3

지속가능발전, Sustainable Development는 사회정의, 경제발전, 환경보전의 큰 세 가지 목적을 함께 달성하겠다는 지구 공동체의 목표이다. 지속가능발전은 '미래 세대의 필요를 훼손하지 않는 범위에서 현 세대의 필요를 충족시키는 발전'이라고 WCED에서 1987년에 정의하였는데, 현재까지도 그 정의가 유지되고 있다. 하지만, 1987년의 미래 세대와 2023년의 미래 세대는 약 35년의 차이가 나고 있고, 지금의 미래 세대의 필요를 훼손하지 않고 있는가에 대한 질문에 우리는 YES 라고 답하기 매우 어렵다.

이번 챕터의 첫 그림이었던 IPCC 6차보고서의 표지 그림의 제목은, "A Borrowed Planet-Inherited from our ancestors. On loan from our children"이었다. 후손들에게 빌려온 우리 조상들의 유산, 그것이 바로 우리가 지금 살고 있는 지구이다.

월 · E라는 애니메이션이 2008년 7월에 개봉을 했다. 이 영화는 알다시피, 지구가 쓰레기에 덮여 더 이상 살 수 없는 행성이 되었는데, 월E를 만든 회사에서 지구의 쓰레기를 치우는 로봇들을 두고 인간들을 우주선에 태워 모두 보낸 다음, 지구의 쓰레기를 정리한 후 다시 인간들을 지구에 오게 하는 프로젝트를 수행하지만, 프로젝트는 실패하고 말았다. 그 이후의 이야기이다. 물론, 결론은 긍정적이었지만, 우리가 살고 있는 지구가 그렇게 되지 말라는 보장은 없다. 지난 코로나19 시기에 회수되지 못한 플라스틱 재활용쓰레기 더미도 엄청났고, 재활용선별장에 쌓여있는 재활용 잔재물만 해도, 산처럼 쌓여있는 사진이 중앙일보에 2021년 6월에 나왔다. 우리는 미래 세대가 지구에서 살기 위해 무엇을 해야 하는지도 함께 고민해야 한다. 이것이 한편으로는 그린스마트미래학교에서 '그린'에 해당되는 부분, 탄소중립이라는 중요한 과제이기도 하다. 월·E의 미래가 오지 않게 지금부터 노력하자.

[그림 1-9] 월E 애니메이션 포스터와 쌓여있는 재활용 잔재물(2021년, 대한민국)[8)9)]

4. 결론: 미래교육을 위한 고려사항

미래세대를 위한 미래교육에서는 변화해야 할 것과 지켜야 할 것을 잘 구분해야 한다.

교육의 내용과 목적, 교육의 방법과 환경 중에 어떤 것은 변화해야 할 것이고 어떤 것이 지켜야 할 것일까?

앞서 그린스마트미래학교 사업에서도 이야기했듯이, 미래학교는 스마트교육의 연속선상에 있을 수밖에 없다. 우리가 '미래교육을 위한 새로운 소양'이라는 이야기로 시작을 한 이유는 시대 흐름의 변화

8) [그림 1-9 좌] 월E 포스터: https://ko.wikipedia.org/wiki/월-E
9) [그림 1-9 우] 중앙SUNDAY 심층기획: 쌓이는 폐플라스틱, 분리 배출 해도 재활용 되짜 많아 https://www.joongang.co.kr/article/24091435

가 학교에 미치는 영향을 고려할 때, 학생들이 가져야 하는 기본 소양이 바뀌어 가고 있다는 것을 알아야 한다는 것이다. 쉽게 이야기하여, 현재만 봐도 알파세대라고 불리고 있는 지금의 어린아이들에게, 대학생 혹은 성인, 더 나아가 노년의 어른들이 말하는 디지털 리터러시는 교육이 필요한 경우가 아니라 말 그대로 태어나면서부터 자연스레 학습된 소양일 수 있다.

미래학교가 지향해야 할 부분은 무엇일까?

미래세대를 위한 교육은 '지속 가능하게 발전'되어야 하고, 미래 세대 그 자체가 교육의 중심이 되어야 한다. 우리의 기준으로 미래 세대에게 잣대를 대는 것이 아니라, 미래 세대에게 정말 필요하고 그들이 알아야 하는 것이 무엇인지, 그리고 그것을 위해 어떤 교육 환경과 방법을 적용해야 하는지 고민해야 한다.

지속가능성이라는 단어는 계속할 수 있다는 의미도 있지만, 변화에 맞게 적절하게 함께 성장 혹은 변화해간다는 의미도 내포된다.

5. 질의응답

질문	미래 교육에서 교사에게 어떤 역량이 더 필요할까요? 인공지능 및 각종 디지털 기술 발전으로 교사의 역할에는 많은 변화가 있을 것 같습니다. 미래교육에 대비하기 위한 교육자, 예비교사들의 역량은 무엇이며 어떻게 이러한 역량을 계발할 수 있을까요?
대답	미래 교육에서 교사들이 갖추어야 할 가장 중요한 역량은 촉진자, 퍼실리테이터로서의 역량이라고 생각합니다. 미래 기술에 대한 소양, 데이터 리터러시 등도 모두 중요하지만, 교사의 역할이 변화된다고 보았을 때, 퍼실리테이터, 협력을 통한 팀기반 문제해결을 통한 교육에서 촉진자로서 수행해야 하는 역할 모델링이 중요합니다. 지식의 전달자가 아닌 촉진자는

	예비교사 및 현장 교사로서의 연수 과정에서 질문과 대화를 이끌어가는 논리를 배우는 것이 필요합니다. 그리고 자신이 교육의 전문가로서 이 자리에서 이러한 교육의 형태를 이끌어나갈 수 있는 전문성은 교사 본인만 가지고 있는 것이라는 자신감과 자존감도 필요할 것입니다.
질문	미래 교육과 미래 학교 실현을 위하여 우선적으로 해결되어야 할 문제들은 무엇인지 궁금합니다.
대답	사실 미래교육, 미래학교라는 개념은 아직까지 굉장히 추상적이고, 여기서 말하는 미래가 몇 년 뒤의 미래이냐에 따라 많이 다를 수 있습니다. 하지만 AI 기술로 변화하는 미래를 생각할 때, 우선적으로 해결되어야 할 문제들은 AI 기술을 어떻게 받아들이고 활용할 것이냐, 그리고 그로 인해 발생하는 AI 활용 윤리에 대한 권고가 잘 정해져야 합니다. 마찬가지로 학습 데이터가 공유되는 사회일 것이므로, 데이터의 보호와 활용 원칙도 필요하겠지요. 하지만 이보다 더 중요한 것은 미래에 학교가 잘 존재할 수 있도록, 환경 문제, 기후 문제를 해결하기 위해 함께 노력하고, 미래에도 학교가 존폐의 위기를 말하지 않을 수 있도록 학교의 지역의 거점으로서의 역할과 자리매김이 잘 될 수 있도록 지역사회와 학교가 잘 협력해야 합니다.
질문	현재 중학교와 고등학교의 교육과정은 여전히 교과 위주의 수업, 교사 주도의 수업으로 이루어지고 있습니다. 경직된 교육과정을 바탕으로 실현되고 있는 현 학교 현장의 맥락을 고려할 때 미래 세대를 위한 새로운 소양은 어떻게 계발될 수 있을까요? 지금부터 실천할 수 있는 현실적인 실천 방안이 궁금합니다.
대답	빠르게 변화하고 발전하려면, 현재의 경직된 교육과정을 빨리 벗어나고, 새로운 소양을 받아들일 수 있도록 노력해야 하겠지요. 하지만, 질문해주셨듯이, 현장의 현재 맥락을 고려하면서 미래 세대를 위한 새로운 소양을 기르기 위해 실천할 수 있는 현실적인 방안을 이야기해보자고 한다면, 첫째, 디지털 기기를 바르게 사용할 수 있는 교육에서의 원칙 세우기, 둘째, 빠르게 발전하고 있는 AI 기술을 도덕적으로 문제가 일어나지 않을 수 있는 범위 내에서 교육에 조금씩 적용하며 AI 활용에 대한 교육적 원칙 알려주기, 셋째, 우리의 미래 세대가 역량적인 부분이 아니라 기본적으로 알고 지켜나가야할 우리가 사는 지구에 대한 지속 가능한 관점 세우고 실천하도록 하기를 말씀드리고 싶습니다. 최근 서울교육청에서 ChatGPT 가이드를 담은 '학교급별 생성형 AI 활용 지침'을 냈습니다. 이러한 지침을 보면서 학생들이 모범적으로 차근차근 잘 배워나갈 수 있도록 안내해주시면 좋겠습니다.

참고문헌

교육부 (2020). 제2차 인성교육 종합계획(2021~2025). 교육부.

황요한, 문공주 (2020). 과학적 문제해결과정과 컴퓨팅 사고의 관련성 탐색을 통한 컴퓨팅 사고 기반 과학 탐구(CT-SI) 모형의 제안. 과학교육연구지, 44(1), 92-111.

황요한, 문공주, 김재근, 전상학, 박혜경, 이성재, 정대홍 (2021). 실시간 비대면 실험실 탐방 프로그램. 현장과학교육, 15(1), 91-98.

MIT Technology Review (2023). MIT 테크놀로지 리뷰가 선정한 2023년 10대 미래기술. Published by DMK.

Wing, J. M. (2006). Computational thinking. *Communication of the ACM, 49*(3), 33-35.

CHAPTER 02

클라우드 기반 스마트 기기 활용 교육의 특성과 효과

임철일(서울대학교 교육학과)

1. 시작하며: 1인 1디바이스 활용 교육의 가능성

디지털 테크놀로지의 발전은 교육 분야에서의 전반적인 패러다임 변화를 야기하고 있다(임철일, 2019; Doucet et al., 2018). 이러한 패러다임의 전환에 맞춰 정보통신기술(ICT)의 교육적 활용에 대한 논의가 다시 활발해지고 있다(신민철 외, 2023). 2000년 초반부터 시작된 ICT의 교육적 활용에 관한 국내 노력은 2011년 이후에는 스마트 교육을 학교 현장에 도입하는 형태로 변화되었다(교육과학기술부, 2011; 김미용, 배영권, 2012). 인터넷에 연결된 개인별 태블릿 PC 혹은 스마트폰과 같은 스마트 디바이스를 활용하는 스마트 교육이 학교 현장에 시범적으로 적용되기 시작하였다. 2013년에는 스마트 교육의 일환으로 학생들이 자신의 스마트 기기를 학습 현장에 직접 가지고 와서 활용하는 BYOD(Bring Your Own Device) 정책이 제시되기도 하였다(임걸 외, 2014). 개별 학습자들의 학습 진도에 맞춰 학습 방법을 제공하여 학업 성취 수준이 향상되는 등의 이러한 스마트 교육 방식은 학생의 학업 성취도 향상에 크게 기여하는 것으로 나타났다(장준혁, 박판우, 2014; 최호정 외, 2015; Charitonos et al., 2012; Jarvela et al., 2007).

그러나 이후 스마트 교육은 학교 교육 전체로 확산하지 못하고, 일부 교과에서 특정 수업 중에 보조적으로 또는 간헐적으로 활용하는 형태로 유지되었다. BYOD 정책이 실제 구현되는 과정에서 상이한 개별 디바이스를 효과적으로 지원하고 관리하는 어려움이 확인되었으며(임걸 외, 2014), 전체 학생들에게 무상으로 교육용 디바이스를 제공, 유지 관리하기 위해서는 막대한 예산이 필요하였기 때문이다. 하지만 이러한 상황은 2020년 코로나 19 발생에 따른 교육적 대응에 따라서 새로운 국면으로 접어들었다. 안전한 학습환경을 위한 인프라 구축 및 1인 1디바이스 지원 정책이 가속화되었으며, 2020년 7월 '한국판 뉴딜 과제'로 학교 무선망 구축 등 디지털 기반 조성이 시작되었다. 2022년 5월, 초중고 38만 7천여 실에 무선망 구축이 완료되었다(교육부, 2022a). 또한 2020년 이후 각 시도교육청 차원에서 1인 1디바이스 보급 정책이 확대되어 오고 있으며, 2025년부터 AI 디지털 교과서가 순차적으로 개별 학생들에게 보급되는 정책과 맞물리면서 1인 1디바이스 활용이 보편화될 예정이다.

그러나 1인 1디바이스 교육이 교육 현장에 가져올 변화에 대한 논의는 아직 초기 단계에 있으며, 이를 위한 깊은 연구와 실험이 요구된다. 특정 학급, 특정 교과 단위의 소규모 학생들을 대상으로 시범적 활용이 가져오는 효과를 분석하는 수준에서 벗어나, 학년 전체 학생들이 대부분의 교과를 대상으로 한 학기 동안 활용할 때 어떠한 변화가 나타나는가를 경험적으로 탐색하는 것이 필요하다. 또한, 기존 학생의 태도나 학업 성취 일변도의 평가를 벗어나서 1인 1디바이스의 도입이 교사들의 수업 역량과 교육 일반에 관한 인식에 긍정 혹은 부정 영향을 주는가를 검토하는 것이 요구된다. 교사는 1인 1디바이스의 효과적인 구현에 있어 매우 중요한 역할을 수행한다(Keane & Keane, 2017). 학교에서 혁신을 수용하려 할 때 물리적인 인프라나 제도적 지원과 같은 환경적인 제약이 해결되더라도 교사의 인식이나 태도, 신념과 같은 내적인 요인이 혁신의 장벽으로 작동할 수 있다(Ertmer, 1999). 1인 디바이스의 활용이 교사의 인식에 어떠한 영향을 미치는가를 살펴보아야 한다.

한편, 학교 현장에서 '클라우드 환경'의 1인 1디바이스 활용은 2020년 이후 적용되고 있다는 점에서 본격적인 분석의 대상이 되고 있다. 전통적인 정보 기술 체제는 특정 기기에 소프트웨어와 서비스 정보가 저장되어 있어 생산성이 제한되어 있었다(Lin et al., 2014). 이에 비하여 클라우드 기반 1인 1디바이스는 교수자가 학습상황을 실시간으로 관찰하고 학습 프로세스를 효과적으로 관리하고 학습자는 교실 환경을 벗어나 언제 어디서나 수업 활동을 진행할 수 있다는 장점이 있다(Paul et al., 2010). 예컨대, 코로나 19 이후 구글에서 제공하는 교육 서비스로서 Google Classroom, Docs, Jamboard 등은 클라우드 환경에서 작동하는 것으로서, 교사와 학생은 디바이스와 상관없이 이러한 도구를 활용하여 유연하게 수업과 학습을 할 수 있다.

따라서 본 글에서는 클라우드 기반의 1인 1디바이스 활용이 테크놀로지와 수업 활용에 대한 교사의 인식과 일반 업무에 어떠한 변화를 가져오는가를 보여주고자 한다. 이를 위해 지난 2년에 걸쳐서 세 개의 학교 상황에서 적용된 사례를 실증적 차원에서 분석한 결과를 제시한다. 특정 학년 전체 학생들과 교과별 교사들에게 한 학기 동안 클라우드 기반 1인 1디바이스의 교육적 활용 경험이 어떠한 변화를 가져왔는가를 분석하고, 향후 발전 방향을 제시하고자 한다.

2. 클라우드 기반 1인 1디바이스 교육의 특징

2.1. 1인 1디바이스 교육의 의미와 특징

교육적 맥락에서 1인 1디바이스의 교육적 활용과 관련하여 'One-to-One technology', 'One-to-One computing', '1:1 스마트기기', '1인당 1디바이스' 등과 같이 다양한 용어가 혼용되고 있다. 이러한 용어들은 공통으로 개별 학생이 학습 도구로서 컴퓨팅 디바이스를 활용하는 점에 초점을 두고 있다(〈표 2-1〉 참조).

〈표 2-1〉 국내외 연구에서의 1인 1 디바이스의 개념 정의

연구자	용어	정의
Chan et al. (2006)	One-to-one technology	학습자들이 최소한 1대의 컴퓨팅 기기(노트북, 태블릿 등)를 학습을 위해 사용하는 것을 의미함
Harris et al. (2016)	One-to-one technology	모든 학습자가 노트북 혹은 다른 기기를 교실에서 도구로서 조작하거나 학습하기 위해 소지하는 것을 의미함
Keane & Keane(2017)	One-to-one program	학생 1인당 컴퓨팅 디바이스 1대의 비율

연구자	용어	정의
Li & Zheng (2018)	One-to-one computing environment	학생에게 학교 무선 네트워크를 통해 인터넷에 액세스할 수 있는 휴대용 노트북을 제공하여 학생들이 디지털 학습 자료를 검토하고 가상 수업 활동에 참여할 수 있도록 하는 환경을 의미함

위의 용어들은 공통적으로 노트북이나 태블릿 등과 같은 하드웨어 소유 여부에만 초점을 두고 1인 1디바이스의 교육적 활용을 기술하고 있다. 이에 비하여 Karsenti와 Fievez(2013)는 iPad의 교육적 활용 가능성을 하드웨어 자체만으로 보는 것은 부족하며, 기기에서 활용할 수 있는 소프트웨어 자원이 동시에 필요함을 주장하였다. 즉, 기기의 교육적 활용에 있어 하드웨어뿐만 아니라 소프트웨어 자원 또한 중요한 요소임을 밝혔다. 실제 교육 현장에서 대표적인 1인 1디바이스 활용으로 이용되는 기기들은 하드웨어에만 초점을 두지 않고 〈표 2-2〉와 같이 특정 교육용 소프트웨어 활용에 최적화된 형태의 하드웨어로 구성되어 있다.

〈표 2-2〉 국내 교육 현장에서 활용되고 있는 1인 1 디바이스의 특징

제조사	Google	Microsoft	Naver
소프트웨어	Google Workspace for Education & Chrome OS	Microsoft 365 for education & Windows 11 SE	Whale OS
하드웨어	Chromebook	Surface for Education	Whalebook

2.2. 클라우드 컴퓨팅의 특징과 클라우드 기반 1인 1디바이스의 특징

클라우드 컴퓨팅은 인터넷을 매개로 연결된 서버에 데이터를 저장하고 다양한 단말기를 통해 해당 데이터를 불러오거나 가공할 수 있는 환경을 제공하는 것을 의미한다(조영환 외, 2017; 박기범, 2015). Mell과 Grance(2011)는 클라우드 컴퓨팅의 특징을 〈표 2-3〉과 같이 주문형 셀프 서비스(On-demand self-service), 광범위한 네트워크 접근(Broad network access), 리소스 풀링(Resource pooling), 신속한 탄력성(Rapid elasticity), 측정된 서비스(Measured service)의 다섯 가지 특징으로 제시하였다.

〈표 2-3〉 클라우드 컴퓨팅의 특징

특징	정의
주문형 셀프서비스 (On-demand self-service)	서버 시간, 네트워크 저장장치 등의 컴퓨팅 기능을 사람의 중재 없이 필요한 만큼 자동적으로 확보해 사용 가능함
광범위한 네트워크 접근 (Broad network access)	사용하고자 하는 기능을 네트워크를 통해 사용할 수 있으며 표준 기기(휴대폰, 태블릿, 노트북, 워크스테이션 등)를 통해 접근 가능함
리소스 풀링 (Resource pooling)	제공자의 컴퓨팅 자원은 다중-임대(multi-tenant) 방식으로 다수의 사용자에게 제공되기 위해 풀(pool) 형태로 유지되며, 다양한 물리적 또는 가상의 자원이 사용자 요구에 따라 동적으로 할당 또는 재할당됨
신속한 탄력성 (Rapid elasticity)	자원은 신속하게 탄력적으로 제공되며 일부 경우에는 신속한 확장과 축소를 위해 자동으로 제공됨
측정된 서비스 (Measured service)	서비스 형태에 적절한 측정 기능을 활용해 자원의 사용을 자동으로 통제하고 최적화함

현재 1인 1디바이스 활용 체제가 클라우드 컴퓨팅 기술의 특성을 기반으로 운용되고 있다는 점을 고려하여 클라우드 기반 1인 1디바이스 활용을 하드웨어와 소프트웨어를 통합한 관점에서 살펴볼 수 있다. 먼저, 하드웨어 측면에서 살펴본 클라우드 기반 1인 1디바이스 활용 특징은 다음과 같다.

- 첫째, 휴대성(portability)으로 학습자들의 상시적 접근을 가능하게 한다. 휴대성을 지닌 1인 1디바이스는 특정 시간이나 공간적 제약의 한계를 극복하게 하여 언제, 어디서나 학습을 가능하게 한다(Peng et al., 2009).
- 둘째, 이동성(mobility)으로 디바이스를 무선 네트워크의 한계까지 다른 곳으로 이동하여 강의실의 경계를 확장할 수 있으므로(Chan et al., 2006) 학습자의 다양한 참여와 활동을 촉진할 수 있다(한형종 외, 2019).
- 셋째, 사회적 상호작용(social interactivity)으로 모바일 및 무선 기술을 통해 커뮤니케이션, 자료 교환, 대면 상호작용과 협력이 가능하다.
- 넷째, 상황 민감성(context sensitivity)으로 1인 1디바이스는 사용자의 기기 내 활용 내용을 실시간으로 자동으로 기록하고 집계하며 이에 대하여 반응할 수 있다. 또한, 1인 1디바이스는 공통 네트워크를 통해 공유환경을 만드는 연결성(connectivity)을 지녀 사용자, 장치 및 위치(지리 정보 시스템)의 실제 정보를 파악하고 디지털 영역에서 사용할 수 있는 형식으로 표현하여 주변 환경과 디지털 및 물리적 세계를 결합할 수 있다(Chan et al., 2006).
- 마지막으로, 모바일 테크놀로지는 사용자의 요구에 맞춰 다양한

애플리케이션 및 학습 주제와 자료를 제공할 수 있으므로 사용자에게 개별화되고 맞춤화된 경험(individualised and personalised experiences)을 제공한다(Melhuish & Fallon, 2010; Harris et al., 2016; Zheng et al., 2016).

다음으로, 소프트웨어 측면에서 살펴본 클라우드 기반 1인 1디바이스 활용은 다음과 같은 특징을 지닌다.

- 첫째, 특정 기기에 정보가 저장되기 때문에 사용자의 생산성이 제한되었던 전통적인 정보 기술 체제에 기반한 소프트웨어와 달리, 클라우드 기반의 소프트웨어는 사용자가 언제 어디서나 필요로 할 때, 강력한 서비스와 대량의 컴퓨팅 자원에 접근할 수 있도록 한다(Lin et al., 2014).
- 둘째, 클라우드 기반 소프트웨어는 사용자에게 서비스를 끊김 없이 제공할 수 있으므로 사용자의 서비스 활용을 더욱 효율적으로 만들고, 동료와의 협업을 촉진하도록 지원한다(Marston et al., 2011).
- 마지막으로, 클라우드 컴퓨팅의 상호 연결 기능을 통해 사용자 누구나 클라우드 서비스를 통해 언제 어디서나 누구와도 데이터를 공유할 수 있으므로 교사는 전체 학습 프로세스를 쉽고 편리하게 관리할 수 있고(Paul et al., 2010), 학습자는 일반적인 교실에서 벗어나 교수학습을 진행할 수 있는 잠재적인 방법을 제공한다(Astrid et al., 2012).

2.3. 클라우드 기반 1인 1디바이스의 교육적 효과

1인 1디바이스 활용과 관련한 선행 연구들은 주로 학생들 인지와 정의적 측면에서 어떠한 변화가 있는가를 특정 학급 내에서만 분석하였다(임철일 외, 2023). 그러나 전 학년에 클라우드 기반 1인 1디바이스 활용이 실현될 때 교사들이 경험하는 변화를 분석한 연구는 제대로 이루어지지 않았다. 따라서 본 장에서는 임철일 외(2023)의 연구 과정 및 결과를 중심으로 교사의 관점에서 바라본 클라우드 기반 1인 1디바이스의 교육적 효과를 공유하고자 한다.

임철일 외(2023) 연구의 참여자와 연구 진행 과정은 다음과 같다. 연구 참여자의 경우, 클라우드 기반 1인 1디바이스의 교육적 활용 효과성을 분석하기 위하여 경기도 소재 A 중학교, 서울특별시 소재 B 중학교, 대전광역시 소재 C 중학교 총 3개 학교를 대상으로 연구를 진행하였다. 연구 참여에 동의한 39명의 교사를 대상으로 자료를 수집하였다. 연구는 2021년부터 2022년까지 2년 동안 3차례에 걸쳐 시행하였다(〈표 2-4〉 참조). 연구에 참여한 교사는 모두 중학교 교사로 담당 과목과 경력이 다양하였다. 수업에서의 테크놀로지 활용 빈도는 한 달에 1~2회가 가장 많으며, 교사들은 테크놀로지 활용에 대해 전반적으로 긍정적으로 인식하고 있었다.

〈표 2-4〉 학교별 연구 참여 기간과 대상자

학급	연구 기간	사례 수(명)
경기도 소재 A 중학교 2학년	21.03.~21.07.	11
서울특별시 소재 B 중학교 1~3학년	21.10.~21.11.	13
대전광역시 소재 C 중학교 2학년	22.04.~22.07.	15
합 계		39

이들을 대상으로 1인 1디바이스의 교육적 활용 효과성을 분석하기 위하여 교사와 학습자를 대상으로 사전 설문, 면담, 수업 중 현장 관찰, 그리고 사후 설문 및 면담을 순차적으로 진행하였다. 연구에 참여한 3개 학교 모두 특정 학년의 모든 학생과 담당 교사들이 클라우드 기반 1인 1디바이스를 활용하였다. 클라우드 기반 학습 도구가 수업에 전면적으로 투입되기 전에 참여 교사 대상으로 사전 설문 조사와 사전 면담을 진행하였다. 이후 클라우드 기반 1인 1디바이스 활용 수업이 진행될 때 원격 또는 현장을 방문하여 2~3개의 수업에 대해 관찰을 진행하였다. 수업 관찰 후, 수업에서 사용된 ICT 도구 및 학습 환경, 학습 활동 내용, 학습자의 참여 및 반응 등을 포함한 수업 관찰 일지를 작성하였다.

연구 과정에서 도출된 사전-사후 응답 데이터에 대해서는 대응표본 t-검정을 진행하였다. 개방형 설문 문항과 교사의 심층 면담 자료는 Creswell(2014)이 제안한 질적 분석 방법에 따라 개방 코딩을 진행하고 분석 결과를 면담 항목에 따라 범주화하여 비교 분석하였다. 작성한 관찰일지는 질적으로 분석하고 영역에 따라 유목화하여 교사의 클라우드 기반 1인 1디바이스를 활용한 수업 활동 진행 방식에 대하여 사례분석을 진행하였다.

연구 결과 측면에서 교사의 관점에서 바라본 1인 1디바이스의 교육적 활용 효과는 다음과 같다. 먼저 교사들이 인식하는 클라우드 기반 1인 1디바이스 활용 및 수업 구상의 능숙도는 〈표 2-5〉, 〈표 2-6〉과 같이 사전 사후 검사에서 통계적으로 유의미한 차이가 나타났다.

〈표 2-5〉 클라우드 기반 1인 1디바이스 활용 수업 설계 능숙도 사전 · 사후 비교(N=28)

항 목	문 항	빈 도		비 율	
		사전	사후	사전	사후
클라우드기반 1인 1디바이스 활용 수업 설계 능숙도	전혀 편안하지 않고, 활용하지 않을 것이다.	0	0	0%	0%
	대체로 편안하지는 않지만, 시도는 해 볼 것이다.	15	6	54%	21%
	조금 편안한 수준에서 활용할 수 있다.	8	14	29%	50%
	꽤 자신이 있으며, 잘 활용할 수 있다.	5	5	18%	18%
	매우 자신 있으며, 능숙하게 활용할 수 있다.	0	3	0%	11%

〈표 2-6〉 클라우드 기반 1인 1디바이스 활용 및 수업 설계 능숙도 사전 · 사후검사 결과(N=28)

항목	사전검사		사후검사		사후-사전	
	평 균	표준편차	평 균	표준편차	t	자유도
클라우드 기반 1인 1디바이스 활용 능숙도	2.68	0.60	3.29	0.88	2.005*	27
클라우드 기반 1인 1디바이스 활용 수업 설계 능숙도	2.64	0.61	3.18	0.82	2.005*	27

*$p<.05$

이러한 결과는 클라우드 기반 1인 1디바이스가 전 학년에 걸쳐서 대부분의 교과 교사들에 의하여 활용될 때 문제점보다는 학교 변화를 이끌어가는 긍정적 요인이 될 수 있음을 보여준다. 향후 학교 전체 학급, 학생, 교사들에 걸쳐서 클라우드 기반 1인 1디바이스 활용이 전개될 때 긍정적 효과를 기대할 수 있게 한다. 또한, B와 C 학교의 사전, 사후 설문에 모두 응답한 28명 교사들 대상으로 클라우드 기반 1인 1디바이스의 활용이 수업 이외에 어떤 변화를 교사들에게 가져오는가를 업무 시간 측면에서 분석하였다. 전반적으로 교사들이 주당 할애하는 평균 시간은 3.1시간 감소하였다.

〈표 2-7〉 교사의 주당 업무활동별 평균 업무시간 사전·사후 비교 결과 (N=28)

주당 평균 업무시간	사전	사후	사후-사전
수업 실행	15.8	13.9	−1.9
교내외에서의 수업 계획 및 준비	6.9	6.3	−0.6
학생과제 채점/피드백	3.4	3.6	0.2
일반 행정업무	9.1	5.3	−3.8
동료교사와 팀워크/대화	2.8	2.8	0
학생상담(학생지도, 멘토링, 상담, 생활지도)	2.7	2.5	−0.2
교내외 활동지도(동아리, 스포츠)	1.7	1.5	−0.2
학부모/보호자와의 의사소통	1.5	1.1	−0.4
학교경영업무 참여	5.0	2.3	−2.7
기타 업무(급식상담, 자기 계발 등)	3.2	2.8	−0.4
평균	7.3	4.2	−3.1

연구에 참여한 교사들은 클라우드 기반 1인 1디바이스 사용하기 전 일반 행정업무와 학교경영업무 참여에 많은 시간을 할애하고 있음을 확인할 수 있었다(〈표 2−8〉 참고). 클라우드 기반 1인 1디바이스를 활용함으로써 일반 행정업무는 3.8시간, 학교경영업무 참여는 2.7시간, 수업 실행에 할애하는 시간은 1.9시간 감소하는 것으로 나타났다.

〈표 2-8〉 교사의 주당 업무별 평균 업무 시간 사전·사후 비교 결과 (N=28)

주당 평균 업무시간	사전	사후	사후-사전
수업 실행	15.8	13.9	−1.9
교내외에서의 수업 계획 및 준비	6.9	6.3	−0.6
학생과제 채점/피드백	3.4	3.6	0.2
일반 행정업무	9.1	5.3	−3.8
동료교사와 팀워크/대화	2.8	2.8	0
학생상담(학생지도, 멘토링, 상담, 생활지도)	2.7	2.5	−0.2
교내외 활동지도(동아리, 스포츠)	1.7	1.5	−0.2
학부모/보호자와의 의사소통	1.5	1.1	−0.4
학교경영업무 참여	5.0	2.3	−2.7
기타 업무(급식상담, 자기 계발 등)	3.2	2.8	−0.4
평균	7.3	4.2	−3.1

위의 업무 시간 변화 인식과 관련한 심층 면담 분석 결과, 새로운 환경으로 인하여 수업 준비를 효율적으로 하게 되며, 교사들 간의 수업 내용 공유 등이 효과적으로 이루어짐을 확인할 수 있었다(〈표 2-9〉 참고). 기기 관리나 기능 숙달에 시간이 걸리는 문제는 있지만, 전체적으로 수업의 준비와 관리에 효율적이라는 인식이 나타났다.

〈표 2-9〉 시간 효율성에 대한 면담 결과 분석

항목	장점	개선점
효율성	• 교수활동, 개별 수업 계획 및 준비 시간 일부 단축됨. 강의노트가 온라인에서 누적되어 편함. 같은 기기를 활용하여 학생들의 수업 준비가 빨라짐	• 기기 관리가 교사들에게 업무 과중이 됨 • 기능을 익히는 데에 시간이 많이 걸림

항목	장점	개선점
	• 교수-학습 활동 계획, 실행, 관리 단계에서의 시간이 절약됨 (온라인 출석관리, 활동지 인쇄, 배분 시간, 조별 활동 등) • 다양한 의견 수합 및 공유가 빨라짐 • 과제/수업활동 결과의 즉각적인 확인이 가능함 • 동 학년 다 교사일 경우 구글 클래스룸을 통한 수업 내용 공유가 매우 효과적임	• 행정업무에 필요한 사이트 및 프로그램 활용이 어려움(예: NEIS)

또한, 클라우드 기반 1인 1디바이스 활용이 교사의 교수 활동에 미치는 효과에 대해 참여 39명의 교사들을 대상으로 사전, 사후 설문과 면담 진행한 결과 다음의 결과가 도출되었다. 첫째, 교사들은 클라우드 기반 1인 1디바이스 활용이 교수활동에 미치는 효과에 대해서 긍정적으로 인식하였으며 5점 척도에 평균 3.82점이었다. 특히 '학생들의 전반적인 참여 및 활동의 증가'가 평균 4.00점으로 가장 높게 나타났다. 그 다음으로 교사들은 클라우드 기반 1인 1디바이스를 활용하여 '유의미한 피드백 제공'에 평균 3.95점, '학습활동 모니터링 능력 향상'에 평균 3.90점으로 긍정적인 영향을 미친다고 답하였다. '교과 기초내용을 효율적으로 다룰 수 있다'에 평균 3.87점, '학습자들이 주제에 깊이 참여하는 데도 유용하다'에 평균 3.77점으로 응답하였다. 클라우드 기반 1인 1디바이스가 대부분의 교수활동에서 유용하다고 인식하고 있으나, '특정 학생들의 요구 구별하는 능력 향상'에 3.64점, '학생 이외 이해 관계자와의 소통 효율성'에 3.59점으로 타 문항에 비해 낮은 점수를 보였다(〈표 2-10〉).

〈표 2-10〉 교수 활동에 미치는 효과에 대한 인식 분석 결과

문항	평균	표준 편차
학생들은 전반적으로 더 참여하고 활동적입니다.	4.00	0.85
나는 학생들의 작업에 대해 더 의미 있는 피드백을 제공할 수 있습니다.	3.95	0.81
나는 교실 전체의 작업을 모니터링하는 능력이 향상되었습니다.	3.90	0.81
나는 교과의 기초 내용을 보다 효율적으로 다룰 수 있습니다.	3.87	0.76
학생들이 주제에 더 깊이 참여할 수 있습니다.	3.77	0.89
나는 특정 학생들의 요구를 구별하는 능력이 향상되었습니다.	3.64	0.80
학생이 아닌 이해 관계자(학부모, 다른 교사, 관리자)와 보다 효율적으로 의사소통할 수 있습니다.	3.59	0.84
평 균	3.82	

교사와의 면담 심층 분석 결과, 교사들은 클라우드 기반 1인 1디바이스를 활용함에 따라서 수업 현황을 쉽게 관리하며, 협업 도구를 활용하여 학생 중심 수업이 원활하게 이루어질 수 있다고 인식하고 있었다(〈표 2-11〉). 특히 개별 피드백이 가능해짐에 따라서 수준별 학습을 지원할 수 있음을 긍정적으로 파악하였다. 그러나 교사의 수업 설계 및 디지털 리터러시에 따라서 다른 결과가 나타날 수 있음을 제시하였는데, 이는 체계적인 일대일 맞춤 연수의 필요성을 보여주고 있다.

〈표 2-11〉 교수 활동에 미치는 효과에 대한 인식 면담 분석 결과

항 목	장 점	개선점
수업현황 관리	• 수업 참여 여부 확인이 편리함 • (교사가 돌아다니며 체크할 필요가 없어서)피드백이 더 빠르게 이루어짐 • 자동적으로 기록이 남겨짐 • 과제가 누적되어 관리에 수월함	• 교사통제관리 프로그램으로 수업/학습 관련된 활동만 할 수 있도록 통제가 필요함 • 디지털 리터러시가 현저하게 낮은 학습자의 활용도가 낮아서 확인이 어려움
교수-학습 심도	• 디바이스로 동영상, 이미지, 그래픽 활용한 깊이 있는 수업이 가능해짐(예: 수학 도형) • 협업 도구로 토론 활동 및 프로젝트형 학습과 같은 학생 중심 수업이 수월해짐 • 댓글, 공유 기능을 활용해 풍부한 논의가 가능 • 다양한 형식(발표 등)의 참여가 가능하여 학습 과정이 심화됨	• 학생 개개인의 자기주도학습 능력 및 참여 의지에 따라 여전히 차이가 있음 • 교사의 수업설계 역량과 디지털 리터러시에 따라 차이가 많음
수준별 학습 지원	• (특수) 통합수업 시 학생 개별 활동을 특수교사가 인지하기 유용함 • 일대일 피드백이 가능해서 수준별 학습 지원이 가능해짐 • 과정 중심 평가가 가능함 • 수준별 학습지를 비공개적으로 배부할 수 있음	• 실기 위주 과목에서의 활용에 한계가 있음 • 다양한 활용법이 익숙하지 않아 활용에 어려움 • 상위권 학생들을 위한 학습 지원이 부족함

둘째, 교사들은 클라우드 기반 1인 1디바이스의 활용이 학습활동에 미치는 효과에 대해서 전반적으로 긍정적으로 인식하였으며 5점 척도에 평균 3.84점으로 응답하였다. 교사들은 '학생들이 지식과 정보를 찾는 데 도움이 된다'에 평균 4.26점으로 가장 높게 인식하였다.

이 점은 학생들의 미래 사회 역량으로 요구되는 학습자 주도성,

디지털 리터러시의 강조가 어떻게 구현될 수 있는가를 잘 보여주고 있다.

〈표 2-12〉 학습 활동에 미치는 효과에 대한 인식 분석 결과

문 항	평균	표준 편차
학생들이 학습을 위한 관련 지식과 정보를 찾는 데 도움이 됩니다.	4.26	0.71
학생들의 아이디어와 생각을 더 잘 표현할 수 있습니다.	4.08	0.66
학생들이 급우들과 더 많이 협력할 수 있습니다.	3.85	0.74
학생들이 수업에 적극적으로 참여할 수 있는 자신감을 높입니다.	3.85	0.86
학생들은 클라우드 기반 1인 1디바이스를 활용하여 더 잘 활동합니다.	3.79	0.79
학생들이 클라우드 기반 1인 1디바이스 활용을 통해 더 효과적으로 학습한다고 생각합니다.	3.79	0.79
특히 STEM 과목에서 학생들의 능력을 향상시키는 데 도움이 된다고 생각합니다.	3.72	0.88
학생들이 급우들과 더 많이 의사소통할 수 있습니다.	3.67	1.02
특히 읽기, 쓰기 능력 향상에 도움이 된다고 생각합니다.	3.54	0.87
종합	3.84	

교사의 인식을 고려할 때 클라우드 기반의 1인 1디바이스가 학생들의 미래 사회 역량을 가져오는 데 중요한 도구와 환경이 될 수 있다. 또한, '아이디어를 표현하는 데 도움이 된다'에 평균 4.08, '학습자 간 협력활동 증가'에 평균 3.85, '수업의 적극적 참여에 있어 자신감 상승'에 평균 3.85로 응답하였다. 그 외 '학습활동 참여 정도'는 평균 3.79, '학습의 효과성'은 평균 3.79, 'STEM 과목에서의 능력 향상'은 평균

3.72, '학습자 간 의사소통'은 평균 3.67로 클라우드 기반 1인 1디바이스 활용이 학습활동에 미치는 효과에 대해 긍정적으로 인식하고 있다. 다만 '읽기, 쓰기 능력 향상에 도움'이 되는지에 대한 질문은 평균 3.54로 낮은 점수를 나타냈다(〈표 2-12〉). 이러한 결과는 특정의 학습 목표 향상을 위한 수업 설계가 구체적으로 이루어지지 않았다는 점에서 예상 가능한 것으로 볼 수 있다. 향후 교과 목표에 따른 수업 설계가 적용되면 기대하는 결과가 나타날 수 있을 것이다.

마지막으로 클라우드 기반 1인 1디바이스 활용 만족도에 대하여 대부분 면담 참여자들이 만족하는 것으로 관찰되었다. 구체적으로 클라우드 기반으로 동일한 물리적 학습환경이 제공되는 점, 언제 어디서나 자기 주도적 학습이 가능해진 점, 학습 과정을 교수자가 실시간으로 모니터링하고 적시적 피드백을 제공할 수 있는 점 등을 들었다(〈표 2-13〉).

〈표 2-13〉 전반적인 만족도에 대한 면담 분석 결과

항 목	면담 결과
전반적인 만족도	• 1인 1기기로 동일한 클라우드 학습 환경이 제공되어 의미 있음 • 클라우드 기반으로 언제 어디서나 자기주도적 학습이 가능해짐 • 학습과정을 실시간으로 모니터링하고 적시적 피드백 제공 가능해짐 • 학습에 필요한 소프트웨어들을 쉽게 접할 수 있어 다양한 방식의 수업을 계획하고 실천할 수 있음 • 공유 문서를 활용한 협력 학습활동을 구상할 수 있음

3. 결론: 미래를 위한 고려사항

본 글에서는 실제 교육을 운영하는 주체인 교사가 디지털 교육 환경의 중요한 구성요소인 클라우드 기반 1인 1디바이스에 대해 어떠한 인식을 갖고 있으며 학교 업무와 수업에서 활용할 때 어떤 효과가 나타나는지를 보여주고 있다.

결과적으로 클라우드 기반 1인 1디바이스가 학교 현장에 보급됨으로써 가져오는 긍정적 효과가 클 수 있음을 교사의 인식 측면에서 확인할 수 있었다. 지금까지 새로운 교육혁신이 학교 현장에 보급될 때 그것이 학생들의 인지, 정의적 측면에서 어떤 변화를 가져오는지에 주목하였다. 그러나 본 연구에서는 클라우드 기반 1인 1디바이스가 교사들에게 어떤 긍정적 변화를 가져오는지를 분석하고자 하였다. 새로운 교육 혁신이 성공적으로 확산되는 과정에서 교사의 인식과 태도의 변화가 매우 중요한 요인이 될 수 있기 때문이다.

특히, 클라우드 기반 1인 1디바이스가 전체 학년 및 학교에 보급되면서 실제로 어떤 결과가 나타나는지에 대한 실증적 연구가 충분하지 않은 상황에서 본 연구의 결과는 클라우드 기반 1인 1디바이스가 가져올 수 있는 긍정적 효과를 교사의 인식 측면에서 보여주고 있다. 클라우드 기반 1인 1디바이스는 전통적인 수업 방식에 있어서 일대 변혁을 가져올 수 있는 가능성을 담고 있다. 무엇보다도 교사와 교사 간, 교사와 학생 간, 그리고 학생 상호 간에 소통과 협업이 클라우드 환경을 통하여 이루어질 수 있다는 점에서 긍정적인 평가를 받고 있다. 예컨대, 구글 워크스페이스를 통하여 문서, 프레젠테이션 등의 협업 작업을 학생들이 수업 전, 중, 후에 할 수 있다는 점은 전통적인 수업 활동과는 큰 차이를 보여주고 있으며, 이 점은 2022 개정 교육과정의 디지털 리터러시의 실천과도 연결될 수 있는 매우 중요한 측면이다.

디지털 전환과 맞물리면서 AI의 교육적 활용을 위한 노력들로 "AIEDAP(Artificial Intelligence Education Alliance Policy Lab)" 사업을 통한 교원의 AI 및 디지털 역량 강화(교육부, 2022b), 2025년 AI 디지털 교과서 보급에 따른 "TOUCH" 교사 연수 프로그램 등이 전개되고 있다. 미래 사회를 대비하는 이러한 교육적 노력은 결국 모든 학생들이 학교 안팎에서 클라우드 기반의 1인 1디바이스를 가지고 학습을 하는 상황을 전제로 하고 있다. 이런 변화가 혹시 있게 되는 집중력 저하와 같은 부작용 때문에 더 이상 늦추어지지는 않을 것으로 보인다. 비록 단기성의 집중력 저하와 같은 문제가 있을 수는 있지만, 이를 충분히 극복하는 디지털 리터러시 역량 개발과 같은 기대효과가 더 크기 때문이다. 향후 클라우드 기반의 1인 1디바이스를 학교 현장에 체계적으로 보급하면서 교육적 효과를 최적화하는 노력이 요구된다.

한편, 클라우드 기반 1인 1디바이스를 학교 현장에서 활용할 때 교사들의 인식 변화가 긍정적인 것으로 나왔지만, 몇 가지 향후 대처가 필요한 사항을 확인할 수 있다. 무엇보다도 효율적인 기기 관리 체계 구축과 원격 통제 프로그램 설치 필수화가 요구된다. 학교 측에서 관리 책임 부서를 통하여 기기 분실 및 파손을 최소화하고 일정한 재정적 자원을 추가 투자할 필요가 있다. 또한 기기 원격 제어 및 관리 프로그램을 설치하여 안전한 클라우드 학습환경을 구축하는 시스템이 보강될 필요가 있다. 또한, 교원의 디지털 리터러시의 개발을 위한 체계적 연수 프로그램이 운영될 필요가 있다. 특히 클라우드 기반의 컴퓨팅 환경, 그리고 인공지능의 특성과 기능에 대한 표준적인 연수 프로그램을 개발하여 운영하면서 지속적인 수정 보완이 이루어질 필요가 있다. 디지털 기술의 변화를 일정 수준 따라잡는 연수 프로그램이 필수적이다. 마지막으로 교과별 그리고 문제해결력, 의사소통력과 같은 핵심 역량을 목표로 하는 디지털 기반 혹은 인공지능 기반 수업을 위한 교수학습 모형과 설계 원리의 개발과 이를 활용하는 연수 프로그램이 확대될 필요가 있다. 개별 교원들의 창의적이고 독자적인 수업 설계를 위해서는 효과적인 것으로 검증된 수업 설계 모형과 원리 그리고 관련 사례들이 자료 저장소 형태로 공유되고, 이를 바탕으로 하는 다양한 수준의 연수 프로그램들이 운영될 필요가 있다(임철일 외, 2023). 클라우드 기반 1인 1디바이스가 최적으로 활용되는 상황은 바로 기대하는 교육 목표를 달성하기 위하여 교육적으로 정교하게 설계된 수업을 통해서 가능하기 때문이다.

4. 질의응답

질문	학생들의 디지털 리터러시의 차이가 매우 클 것으로 확인이 됩니다. 실제 수업에서 디지털 기기를 사용할 때 어떠한 어려움이 있을지 궁금합니다.
대답	학생들의 디지털 리터러시 차이가 클 경우, 일부 학생들은 디지털 기기를 효과적으로 사용하여 학습에 도움을 받을 수 있지만, 디지털 리터러시가 낮은 학생들은 기기 사용에 어려움을 겪을 수 있습니다. 이로 인해 학습의 격차가 발생할 수 있으며, 디지털 기기 사용에 익숙하지 않은 학생들이 수업에 따라가지 못할 가능성이 있습니다. 따라서, 어려움을 해결하기 위해서는 다음과 같은 방안이 실천되는 것이 필요합니다. 첫째, 학교에서는 모든 학생이 디지털 기기를 사용하는 데

	필요한 기본적인 지식과 기술을 습득할 수 있도록 사전 교육을 실시해야 합니다. 둘째, 디지털 기기를 사용하는 것이 어려운 학생들을 위해 다양한 교육 방법을 적용하여 학습의 격차를 줄일 수 있습니다. 또한, 학생들이 서로 협력하여 학습할 수 있는 환경을 조성함으로써, 디지털 리터러시가 높은 학생들이 낮은 학생들을 도와주어 디지털 기기 사용에 익숙해질 수 있도록 하는 것도 방법입니다.
질문	교사들의 디지털 리터러시 역시 매우 다를 것으로 예상합니다. 이러한 것을 대비하여 교사 교육을 어떻게 진행할 수 있을까요?
대답	교사의 디지털 리터러시 역시 다양하므로, 이를 고려한 체계적인 맞춤형 연수 프로그램이 필요합니다. 이러한 연수 프로그램은 클라우드 기반의 학습 환경의 특성 및 기능에 대한 교육을 포함해야 하며, 디지털 기술의 변화에 따라 지속적으로 업데이트되어야 합니다. 실제로 본 연구에 참여한 교사들을 대상으로 전문 코칭(Professional Development Session, 이하 PD Session)을 진행하였습니다. PD Session이란 교사들이 GfE를 포함한 다양한 테크놀로지를 활용하는 수업을 설계할 때, 전문가에 의한 기술적 지원과 교육을 받을 수 있는 연수 프로그램을 의미하며 해당 연수 프로그램은 DLP(Dynamic Learning Process)에 따라서 5단계 순서로 계획하고 진행하였습니다.  이러한 기술 지원 코칭 이외에도 교수설계에 대한 지원이 필요합니다. 교사들은 새로운 테크놀로지가 도입되더라도 여러 이유로 인해 기존의 수업 방식을 유지하려는 경향이 있습니다. 따라서 교사들이 기존 수업 방식에서 더 나아가 창의적이고 독자적인 수업 설계를 할 수 있도록 수업 설계 모형과 원리, 관련 사례들을 제공하는 것도 중요합니다.
질문	미래에는 모든 학습자료가 디지털화가 되고 학습 활동이 디지털 기반으로 변화하게 될까요?

대답	미래에는 학습 자료의 디지털화와 디지털 기반의 학습 활동이 증가할 것으로 예상됩니다. 이미 인공지능 기반의 교과서 보급과 교사 연수 프로그램이 진행되고 있으며, 이러한 추세는 미래 사회의 요구에 부응하는 것입니다. 디지털 기반의 학습 활동이 늘어남에 따라 디지털 리터러시 역량의 개발이 더욱 중요해질 것입니다. 이러한 미래에서는 디지털 기반의 학습 활동이 늘어남에 따라 교사들의 디지털 리터러시 역량의 개발이 더욱 중요해질 것입니다. 이를 위해, 학교와 교육기관은 교사들의 디지털 리터러시 교육을 강화하고, 다양한 디지털 학습 자원을 제공하는 것이 필요합니다.

참고문헌

교육과학기술부 (2011). 인재대국으로 가는 길: 스마트교육 추진전략 실행 계획. 교육과학기술부.

교육부 (2022a). 2022 업무계획. 교육부.

교육부 (2022b). 2022년 디지털 인재양성 종합방안 기본계획. 교육부.

김미용, 배영권 (2012). 스마트교육 현장 적용을 위한 스마트교육 모형 개발. 인터넷정보학회논문지, 13(5), 77-92.

박기범 (2015). 클라우드 컴퓨팅 기반 사회과 협동학습의 원리와 구조 설계. 사회과교육, 54(1), 47-62.

신민철, 유하원, 장재홍 (2023). 학교 에듀테크 통합 방해요인과 해결방안: 선도적 교원의 인식을 중심으로. 교육공학연구, 39(1), 219-250.

임걸, 장윤호, 이은환 (2014). 스마트교육 확산에 따른 국내 BYOD 정책방안 연구: 미국사례 분석을 중심으로. 디지털융복합연구, 12(7), 21-36.

임철일 (2019). 미래 사회와 교육을 위한 교육공학 연구 및 실천 영역의 재조명. 교육공학연구, 35(2), 253-287.

임철일, 한옥결, 채지윤, 엄태연, 박성경 (2023). 클라우드 기반 1인 1디바이스의 교육적 활용 효과 -교사의 인식 변화를 중심으로-. 교육공학연구, 39(3), 891-931.

장준혁, 박판우 (2014). 스마트기기를 이용한 협동학습이 학업 성취도와 학습 태도에 미치는 영향. 정보교육학회논문지, 18(4), 521-528.

조영환, 설보연, 이현경, 강다현, 조애리 (2017). 클라우드 컴퓨팅 기술을 활용한 협력적 문제해결에서 자기조절과 그룹조절 활동 탐색. 교육정보미디어연구, 23(3), 345-371.

최호정, 윤영선, 류한영 (2015). 스마트 디바이스 기반 교육서비스 디자인을 위한 사용자 기대 가치. 디자인융복합연구, 14(1), 1-14.

한형종, 김근재, 권혜성, 임철일 (2019). 모바일 테크놀로지 활용 교육을 위한 초등교사 역량 모델 개발 및 요구도 분석. 교육정보미디어연구, 25(4), 657-690.

Astrid, S., Paul, R., Carol, B., & Jordana, L. (2012). An observational study of undergraduate students' adoption of (mobile) note-taking software. *Computers in Human Behavior, 28*(2), 308-317.

Chan, T. W., Roschelle, J., Hsi, S., Kinshuk, Sharples, M., Brown, T., Patton, C., Cherniavsky, J., Pea, R., Norris, C., Soloway, E., Balacheff, N., Scardamalia, M., Dillenbourg, P., Looi, C. K., Milrad, M., & Hoppe, U. (2006). One-to-one technology-enhanced learning: An opportunity for global research collaboration. *Research and Practice in Technology Enhanced Learning, 1*(1), 3-29.

Charitonos, K., Blake, C., Scanlon, E., & Jones, A. (2012). Museum learning via social and mobile technologies: (How) can online interactions enhance the visitor experience? *British Journal of Educational Technology, 43*(5), 802-819.

Creswell, J. W. (2014). *Qualitative, quantitative and mixed methods approaches.* Sage.

Doucet, A., Evers, J., Guerra, E., Lopez, N., Soskil, M., & Timmers, K. (2018). *Teaching in the Fourth Industrial Revolution: Standing at the Precipice*. Routledge.

Ertmer, P. A. (1999). Addressing first-and second-order barriers to change: Strategies for technology integration. *Educational Technology Research and Development, 47*(4), 47-61.

Harris, J., Al-Bataineh, M., & Al-Bataineh, A. (2016). One to One Technology and its Effect on Student Academic Achievement and Motivation. *Contemporary Educational Technology, 7*(4), 368.

Järvelä, S., Näykki, P., Laru, J., & Luokkanen, T. (2007). Structuring and regulating collaborative learning in higher education with wireless networks and mobile tools. *Journal of educational technology & society, 10*(4), 71-79.

Karsenti, T., & Fievez, A. (2013). The iPad in education: uses, benefits, and challenges–A survey of 6,057 students and 302 teachers in Quebec, Canada. *Montreal, QC: CRIFPE, 56.*

Keane, T., & Keane, W. (2017). Achievements and challenges: Implementing a 1:1 program in a secondary school. *Education and Information Technologies, 22*(3), 1025-1041.

Li, S., & Zheng, J. (2018). The relationship between self-efficacy and self-regulated learning in one-to-one computing environment: The mediated role of task values. *The Asia-Pacific Education Researcher, 27*, 455-463.

Lin, Y., Wen, M., Jou, M., & Wu, D. (2014). A cloud-based learning environment for developing student reflection abilities. *Computers in Human Behavior, 32*, 244-252.

Marston, S., Li, Z., Bandyopadhyay, S., Zhang, J., & Ghalsasi, A. (2011). Cloud computing – The business perspective. *Decision Support Systems, 51*(1), 176–189.

Melhuish, K. & Falloon, G. (2010). Looking to the future: M-learning with the iPad. *Computers in New Zealand Schools, 22*(3), 1-16.

Mell, P., & Grance, T. (2011). The NIST definition of cloud computing. *National Institute of Standards and Technology Special Publication 800-145.* Retrieved from https://csrc.nist.gov/publications/detail/sp/800-145/final

Paul, K., Chen, K. N., & Gloria, L. (2010). When cloud computing meets with Semantic Web: A new design for e-portfolio systems in the social media era. *British Journal of Educational Technology, 41*(6), 1018–1028.

Peng, H., Su, Y. J., Chou, C., & Tsai, C. C. (2009). Ubiquitous knowledge construction: Mobile learning redefined and a conceptual framework. *Innovations in Education and Teaching international, 46*(2), 171-183.

Zheng, B., Warschauer, M., Lin, C. H., & Chang, C. (2016). Learning in one-to-one laptop environments: A meta-analysis and research synthesis. *Review of educational research, 86*(4), 1052-1084.

PART 2

인공지능 교육의 이해

CHAPTER 03

데이터 사이언스 기본 이해와 전망[1)]

조규락(영남대학교 교육학과)

지능이란 것이 있다면 그것을 지능으로 드러내 줄 원천이나 자원 혹은 재료가 필요하다. 무언가 축적되고 나서야 그것을 토대로 새로운 어떤 것이 출현한다. 인간은 누적된 세대를 거치면서 생존에 관련된 수많은 경험을 축적했는데, 축적되는 경험의 각각은 다양하고 많은 데이터로 이루어져 있다. 따라서 감각으로 수용되는 수많은 경험의 데이터를 처리해야만 했다. 그렇게 데이터 처리를 통해서 생존에 필요한 정보와 지식을 도출하고 지능이라고 불릴 막강한 능력을 소유하게 되었다. 지능으로 드러내 줄 원천, 자원, 재료가 바로 데이터이다. 데이터가 지능을 낳았다(조규락, 2020, p. 10).

1) 이 글의 상당 부분은 2020년 저자가 학지사에서 출간한 『데이터 사이언스 가이드: 이해와 실제와 전망』에서 가져왔고, 이 과정에서 글의 맥락에 맞추어 일부 내용을 재기술하였고 글의 필요에 따라 가필하기도 하였다. 이 글 내용에 대해 보다 자세한 사항을 파악하고자 한다면 저서 일독을 권한다. 저서는 데이터 사이언스에 입문하고자 하는 인문사회학도를 위해 수학의 복잡한 수식으로 가득한 데이터 마이닝 분석 기법을 배제한 채, 데이터 사이언스의 윤곽과 얼개에 초점을 맞춘 대중서를 지향한 책이다.

"과거에는 우리가 일상 속에서 나눴던 대화들이 그 순간 모두 사라졌습니다. 지금은 문자 메시지나 페이스북, 트위터처럼 우리가 나누는 대화들이 디지털화되어 플랫폼에 담기고 있습니다. 그게 데이터입니다. 우리가 던지는 말 한마디, 몸짓 하나까지, 모든 것들이 데이터가 되는 세상입니다(장영재 교수의 말, 박순서(2012) 재인용, p. 21)."

빅데이터는 새로운 시각으로 세상을 보게 해주는 안경이다. 빅데이터는 단순한 기술이 아니라 인간의 사고방식 자체를 바꿀 것이다. 데이터는 기업의 중요한 자산이자 경제의 필수 원천, 새로운 비즈니스 모델의 기반이 되고 있다. 말하자면 정보경제의 석유가 된 것이다(Mayer-Schonberger, 2015).

1. 시작하며

데이터와 데이터 분석의 중요성은 아무리 강조해도 지나치지 않다. 만일 우리 인류가 감각 경험으로부터 비롯되는 데이터를 분석하여 이해하지 못했다면 지금 이 순간 여기에 없을 것이다. 의심할 바 없이 데이터 분석은 생존에 필요했기 때문이다. 몸의 크기나 힘이나 달리기 등의 신체적 조건이 다른 동물보다 현저히 약한 인간에게는 특히 데이터 분석 결과를 이해하고 지식으로 축적하며 후대에 전달하는 일이 매우 중요했다. 우리가 멸종하지 않고 살아남아 있는 이유가 근본적으로 데이터 분석에 있다고 해도 과장은 아니다.

최근 들어 빅데이터 열풍이 불면서 데이터 분석과 밀접히 관련되어 있는 데이터 사이언스가 부상 중이다. 그리고 데이터 사이언스의 숙련된 전문 인력으로서 일선 현장에서 데이터 분석 프로젝트를 수행하는 데이터 사이언티스트라는 직업이 촉망받는다. 이를 증명이나 하듯이 세계의 많은 경영인과 경영학자들이 구독하는 『하버드 비즈니스 리뷰(Harvard Business Review)』 2012년 10월호에 권두 특집으로 한 편의 에세이가 실렸다. 미국 하버드 비즈니스 스쿨의 객원 교수인 토머스 H. 데븐포트(Thomas H. Davenport)가 기고한 이 글의 제목은 〈데이터 사이언티스트: 21세기 가장 섹시한 직업(Data Scientist: The sexist job of the 21 century)〉. 비즈니스 세계에서 데이터의 분석과 활용이 필요하다는 주장을 하면서, 지금은 직업으로서 이 일을 담당하는 데이터 사이언티스트가 필요한 시대라는 내용을 담고 있다. 에세이 〈21세기의 새로운 가장 섹시한 직업(The new sexist job of the 21 century)〉은 앞서 소개한 에세이와 비슷한 제목이지만, 2018년 10월에 구인 · 구직 기반 사회관계망 서비스인 링크드인(LinkedIn)에 실린 다른 글이다. 이 글에서 기고자인 네덜란드 컨설팅 기업가인 키즈 그로엔벨트(Kees Groeneveld)는 데이터 사이언티스트가 처한 현실적 어려움을 말하면서도, 데이터 사이언티스트가 유망하고 성공적이며 성숙되어 가는 전문직임을 강조한다. 이보다 1년 앞선 2017년 8월에는 『사이언스타임스(The Science Times)』가 거의 모든 산업에 걸쳐 많은 기업이 엄청난 보수를 제시하며 데이터 사이언티스트를 찾고 있는 중이라고 보도하였다. 그리고 유능한 데이터 사이언티스트를 구하기는 매우 힘들다고 덧붙였는데, 이 기사의 요지는 그만큼 데이터 사이언티스트의 인기가 높다는 뜻이다. 2019년에는 링크드인이 발표한 미국 최고 유망 직종 1위가 데이터 사이언티스트였다. 이처럼 데이터 사이언티스트가 인기가 높으며 경영과 산업계에서 부각되는 이유는 무엇일까?

또 하나 주목해야 할 사실은 우리나라를 비롯한 여러 나라의 대학에서 독립된 학부 전공이나 대학원 과정이 신설되고 또는 융합 혹은 연계 전공이 생겨나고 있다는 점이다. 학문의 최전선인 대학에서 학과가 신설된다는 의미는 각별하다. 최소 2년에서 4년 과정으로 이루어진 소정의 교육과정을 이수하면 학사나 석사 학위를 부여하겠다는 것인데, 이는 데이터 사이언스가 학문 분야로서 당당히 부각되고 있다는 신호이며, 이러한 대학의 결정은 사회의 변화를 반영한 적극적인 의사결정인 것이다. 왜 이런 일이 벌어지는 것일까?

동네에 작은 치킨집을 새로 시작하려고 해도 유동 인구, 주변 상권 등의 데이터 수집과 분석은 필수다. 하물며 삼성(Samsung), 네이버(Naver), 카카오(Kakao), 구글(Google), 애플(Apple), 아마존(Amazon), 넷플릭스(Netflix) 등과 같은 거대 기업이야 말할 것도 없다. 이들이 고객의 다양한 데이터를 수집하고 분석해서 경영에 활용해 온 것은 익히 알려진 이야기다. 고객의 구매 이력을 알면 더 많이 판매할 수 있고 더 높은 수익을 얻을 수 있는데 기업의 입장에서 이런 데이터의 가치를 포기할 수 없다. 이 때문에 각 기업들은 기업 활동과정에서 다양하고 방대한 양의 데이터를 습득 및 저장하고 있으며 데이터를 분석한다. 기업들은 이 데이터 분석에 기초하여 통찰을 얻고 새로운 제품과 서비스를 개발한다면, 막대한 이윤을 창출할 수 있다는 믿음과 확신을 갖고 있다. 데이터의 분석을 통한 이윤 창출의 믿음과 확신이야말로 거대 다국적 기업들이 지금까지 자신들이 축적한 많은 데이터를 분석하는 원동력이며, 이 데이터 분석을 전문적으로 수행할 수 있는 데이터 사이언티스트를 구하려는 진짜 이유다.

주의 깊게 주변을 살펴보면, 우리 사회가 끊임없이 생산되고 있는 디지털 데이터를 중심으로 움직이고 있음을 볼 수 있다. 정부 기관은 때가 되면, 예컨대 국세청은 세금 고지서, 교육청은 취학 통지서, 병무청은 신체검사 통지서, 건강관리공단은 건강검진 안내서 등을 보낸다. 기업은 생일, 밸런타인데이 같은 기념일에 맞추어 고객에게 추천 상품을 소개하고, 백화점은 세일 기간과 신상품을 알려준다. 각급 학교는 학생들의 학적사항을 기록 · 저장하며, 이를 대학 입시에 활용한다. 이와 같은 일은 모두 데이터를 저장하고 분석하고 있기 때문에 가능하다. 삶의 편리함이 여기서 비롯된다. 물론 데이터 사용이 항상 긍정적인 면만 있는 것은 아니다. 정부 기관이 국민을 감시하고 통제하는 수단으로 각종 데이터를 사용할 수도 있어서다.

정보통신기술(Information & Communication Technology: ICT)이 발전하면서 데이터가 엄청 빠른 속도와 규모로 생성되고 있다는 사실도 인지할 필요가 있다. 다보스(Davos) 포럼으로 더 잘 알려진 세계경제포럼(World Economic Forum)의 2016년 발표에서도 이 점이 잘 드러난다. 우리는 데이터와 정보의 총량이 무한대로 늘어나는 사회에 살고 있다는 것이다. 서두에서 인용한 장영재 교수의 언급처럼 모든 것이 데이터가 되는 빅데이터 세상이며, 이런 세상에는 수많은 데이터가 쌓여서 거대한 데이터 광산(data mine)을 이룬다. 데이터가 실제 물리적 광산이 될 수 없기 때문에 데이터 광산이란 표현은 일종의 비유다. 철 광산에서는 철을, 금 광산에서는 금을 채굴하듯이 데이터 광산에서도 뭔가를 채굴할 수 있다(mining)는 의미를 내포한다. 그래서 데이터 광산에서 무언가를 채굴한다는 의미로 데이터 마이닝(data mining)이라는 용어도 널리 사용된다. 그러나 데이터 광산에서는 철 광산에서의 철, 금 광산에서의 금처럼 기존에 정해져 있는 가치를 채굴하는 것이 아니다. 데이터 광산에서 무엇을 채굴할지는 알 수 없다. 채굴되는 가치가 유의미한 것일 수도 있고 전혀 아닐 수도 있지만, 가치 발굴의 가능성은 열려있으며 희망적이다.

이런 이유로 많은 기업이 고객의 다양한 데이터를 수집, 저장, 분석하여 경영에 활용한다. 이런 이유로 데이터를 전문적으로 수집하고 판매하는 데이터 기업이 등장하고, 데이터를 거래할 수 있는 데이터 마켓이 형성되며, 데이터를 합법적으로 구매할 수 있다.[2)] 또한 이런 이유로 정부나 기관이 공공데이터 포털을 구축하여 무료로 공개하면서 개인이나 스타트업으로 하여금 이를 이용해서 상품과 서비스를 만들어 보라고 독려한다. 데이터는 그 자체로 돈이며 재화인 것이다. 이렇게 서두의 마이어쇤베르거(Mayer-Schonberger) 교수의 언급처럼 데이터는 기업의 중요한 자산이자 경제의 필수 원천, 새로운 비즈니스 모델의 기반이 되고 있다.

교육과 학습 분야도 예외가 아니어서 교육과 학습에서 만들어내는 데이터가 광산을 이루어가고, 이 교육과 학습의 데이터 광산에서 유용한 가치를 채굴할 수 있다. 교육과 학습 정보의 전산화 자체가 데이터 생산과 저장을 위한 것이다. 매년 수십만 명이 학력을 테스트하고 수능을 치르며 그 결과가 데이터가 되고 전산 처리된다. 또한 그동안 교육계에 등장한 웹기반 학습, 사이버가정학습, 온라인 학습, e-러닝, 무크(MOOC) 등은 교육과 학습에 관한 수많은 데이터들을 생산해 냈

2) 물론 해커들은 불법적으로 데이터를 몰래 빼돌려 판매한다.

다. 게다가 교사와 학생들은 면대면 수업일 때에도 각종 소셜 미디어를 이용하여 학습활동에 참여하는데, 이것이 데이터 광산으로 축적되어 간다. 더욱이 COVID 19 팬데믹 상황 때문에 교육계는 줌(Zoom)이나 구글 미트(Meet)를 이용한 실시간 비대면 원격수업(uncontact remote learning)이나 동영상을 활용한 비실시간 비대면 원격수업을 실시해야 했고, 이 또한 거대한 데이터가 거대한 광산을 이루었다.

앞서 언급했듯이 우리는 데이터의 총량이 무한대로 늘어가는 사회에 살고 있다. 여기저기에 데이터베이스(database), 데이터 웨어하우스(data warehouse)라는 이름의 데이터 광산이 이미 존재하며, 앞으로도 계속 생겨날 것이다. 이런 상황에서 데이터를 분석해야 한다는 것에 이의를 제기할 사람은 없을 것이다. 데이터는 적절한 분석을 기다리고 있다. 얼마 전까지 데이터 분석 하면, t-검정, 분산분석, 회귀분석 등과 같은 전통적인 통계법이 먼저 떠올랐다. 데이터 분석에 있어서 전통적인 통계 방법도 중요한 위치를 차지하며 훌륭한 분석결과를 제시한다. 그러나 전통적인 통계법은 데이터의 양이 데이터 광산에 들어있는 빅데이터처럼 거대할 때는 유용성이 떨어진다. 전통적 통계법은 모집단에서 일정 수의 표본을 추출하여 분석하는 기법이기 때문이다. 따라서 빅데이터는 새로운 시각에서 조망해야 하며 새로운 분석방법이 요구된다.

현재 우리는 데이터 사이언스라는 새로운 분야의 출현을 목격하고 있으며, 안목이 있는 사람은 데이터 사이언스에 기반을 두고 이미 새로운 분석방법을 사용 중이다. 빅데이터 분석법 혹은 데이터 마이닝이 그것이다. 데이터 사이언티스트는 데이터 사이언스의 시각에서 이 일을 수행하는 실천 전문가라고 하겠다. 데이터 사이언스는 내용에 있어 폭과 깊이가 넓고 깊다. 컴퓨터나 통계학, 경영학이나 언론학, 사회학이나 교육학처럼 학문의 계열을 넘나들며 다양한 분야에서 다루어진다. 때문에 시중에 관련 서적이 다수 출간되고 있는데, 다루는 내용이 매우 다양함을 목격할 수 있다. 이유는 저자의 전공과 입장이 다르기 때문이며, 또 출현한 지 오래 되지 않아 완결된 분야가 아니라 역동적으로 계속 발전하고 있는 분야이기 때문이기도 하다.

데이터 사이언스 관련 용어가 때로는 낯설고, 또 자신의 전공이 인문사회학일지라도 넘사벽은 결코 아니다. 오히려 인문사회학도가 4차 산업혁명의 여러 분야 중에서 가장 기여할 수 있는 분야라고 생각한다. 교육공학자로서 데이터 사이언스를 탐구하고, 교육학 연구에 적극적으로 활용하고 있는 저자가 증거다. 이 장(章)은 교육과 학습에서 데이터 사이언스를 활용해보고자 용기를 내어 입문하고자 하는, 교육학을 포함하는 인문사회계열 독자를 위해 씌었다. 데이터 사이언스를 공부하다 보면 어쩔 수 없이 만나게 되는 데이터 마이닝 기법과 관련한 수학적 수식은 일부러 제외했고, 대신 이야기 형태의 예시를 제시하려고 노력했다. 더 많은 인문사회학도가 이 글을 통해 데이터 사이언스에 다가가면 좋겠다.

2. 본론

2.1. 데이터 기반 사회

현대 사회의 성격을 규정하라고 하면 저자는 단연코 '데이터 기반 사회'를 꼽는다. 현대 사회는 우리의 의지와 상관없이 무차별적으로 생겨나는 디지털 데이터를 중심으로 돌아가는 사회이기 때문이다. 데이터의 총량이 기하급수적으로 늘어나며 빠르게 각종 데이터베이스, 데이터 웨어하우스에 저장되고 있는 것이다. 이를 어떻게 관리-처리하며, 어떻게 분석하고 활용해야 하느냐에 따라 사회와 그 안에 있는 우리 삶의 모습이 달라진다. 데이터 분석의 결과와 활용이 사회를 변화시키며 우리는 그 변화의 영향하에 노출되어 있다. 데이터 기반 사회의 대표적인 세 가지 모습을 살펴보자.

첫째 모습은 우리가 데이터 흔적 사회에 살고 있다는 사실이다. 흔적(痕迹)이란 남겨진 자취다. 데이터 흔적은 남겨진 자취가 데이터란 뜻이다. 어디를 가나 항상 소지하고 있는 스마트폰, 책상 위에 놓여있는 컴퓨터, 인터넷과 연결된 TV, 버스와 지하철의 대중교통, 거리와 골목과 엘리베이터 안의 CCTV 등 이런 테크놀로지와 서비스를 전혀 사용하지 않거나 영향을 받지 않고 살아가는 현대인은 없다. 우리 주변에서 발견되는 이러한 모든 전자적 디바이스는 필연적으로 데이터 흔적을 남긴다. 데이터와 데이터 분석이 디바이스의 작동 원리 중의 하나이기 때문이다. 따라서 보통의 평범한 사람도 좋든 싫든, 의도했든 아니든 선택의 여지 없이 흔적을 남길 수밖에 없다.

둘째는 데이터 네트워크 사회의 모습이다. 사람 사이의 네트워크란 서로에 대한 관계망 혹은 연결망이다. 과거에 인간관계는 의외로 단순했다. 특정 신분이나 계층이 아니면 지역을 벗어나서 살거나 여행하는 것이 쉽지 않았기 때문에 알고 지내는 사람의 수가 매우 제한적이었다. 더구나 통신이 발달하지 않아서 멀리 있는 누군가와 소통하기란 더욱 어려웠다. 하지만 현대는 신분제가 사라졌고, 교통과 통신이 발달해서 매우 자유로운 왕래가 가능해졌으며 멀리 있는 지인과 바로 앞에 있는 것처럼 대화할 수 있다. 또한 직접 대면하지는 않았더라도 클릭 하나만으로 어렵지 않게 친구나 지인이 되고 관계가 열린다. 이제 사람들은 각종 소셜 미디어 속에서 관계를 맺고 대화하며 정보를 주고받는다. 핵심은 데이터와 정보가 이 네트워크 속에서 흐른다는 사실에 있다. 자신의 네트워크가 부실하거나 자신이 네트워크의 변방에 있으면 많은 정보를 얻을 수 없는 정보의 소외 현상이 발생한다.

세 번째 모습은 데이터 이미지 사회다. 현대는 모든 사람의 손에 디지털 카메라가 들려 있는 세상이다. 스마트폰은 폰(phone), 즉 전화이지만 동시에 카메라로서의 역할은 너무 중요하다. 스마트폰 신제품을 광고할 때 고객에게 호소하는 핵심은 통화의 품질이 아니라 흔들리지 않는 사진의 선명함이나 어두운 밤 사진의 깨끗함이다. 이제 사람이 가는 곳 어디든 사진이 찍히며 이미지가 된다. 관광지에서, 길거리에서, 강의실에서, 멋진 풍경이나 풍경을 배경으로 인물을 찍고, 건물과 상품을 찍고, 교수가 설명하는 파워포인트나 판서의 내용을 찍는다. 그리고 그 이미지들은 복사되어 인터넷 망 이곳저곳으로 전송되어 저장된다. 문자라는 추상적이며 논리적인 정보의 형태보다 이미지라는 도상적이며 직관적인 정보의 형태가 더 선호되고 있다.[3)]

데이터 기반 사회의 세 가지 모습에서 중요한 특징은 데이터가 디

3) 많은 미디어 학자가 문자시대의 종언을 고하고 이미지 시대로의 전환을 역설한다. 문자시대는 문자 자체가 갖고 있는 자의성, 문자 지칭 대상과의 상이성, 문자가 배열되어 있는 순서로 독해해야 하는 선형성 때문에 논리와 추상적 사고가 중시된 반면에, 이미지 시대는 이미지 대상과의 유사성(혹은 도상성), 이미지를 순서적으로 파악할 필요가 없는 비선형성 때문에 직관과 감각적 사고가 중시된다.

지털이며, 컴퓨터 파일로 저장되어 복사할 수 있고, 이 과정이 너무 용이하다는 점이다.[4] 또한 데이터는 자신의 의지와는 무관하게 디지털 디바이스의 사용 자체에서 생성될 수도 있고, 특정 장치에서 어떤 목적으로 만들어 낼 수도 있다. 그리고 일단 네트워크에 공유하면 데이터의 통제권이 항상 자신에게만 있지 않다는 점도 중요하다.

2.2. 데이터와 빅데이터의 개념 및 속성

데이터는 영어로 data로서 datum의 복수 형태다. 수의 일치에 민감한 영어에서 data는 이제 단수 형태로 쓰일 정도로 널리 보편화되어 있다. 국어사전에 등재된 외래어이면서 뜻은 우리말의 '자료'나 '재료'와 유사하지만 완벽하게 동일하지는 않으며, 다양한 맥락과 문맥에서 우리말 자료, 재료를 사용할 때보다 의미를 보다 명료하게 전달할 수 있는 단어다.

데이터의 필수적, 기본적인 의미는 관찰, 측정, 평가, 조사 등을 통해서 수집해서 모아놓은 존재론적 객체를 말하는데, 숫자, 문자, 이미지 등의 형태를 갖는다. 수집된 데이터는 대개 [그림 3-1]에서처럼 행과 열로 이루어진 표에 저장된다. 데이터에는 또 하나의 중요한

4) 디지털 데이터는 복사(복제)가 자유롭고 원본과의 구별이 거의 불가능해진다. 발터 벤야민(Walter Benjamin)은 복제가 기술로 이루어지기 때문에 현대를 기술복제시대로 칭했고, 이 때문에 예술의 성격이 달라졌다고 주장한다. 여기저기서 나타나는 복제품의 등장으로 단 하나뿐인 원본이 주는 '아우라'가 사라졌다는 것이다. 장 보드리야르(Jean Baudrillard)는 이런 기술 복제인 모방들이, 즉 '진짜보다 더 진짜 같은 가짜'인 시뮬라크르(simulacres)가 결국 원본을 압도하고 궁극적으로는 원본을 대체하여 원본인 것처럼 행세하는 암울한 시대를 예견한다. 현대의 빅데이터는 디지털 데이터로서 기술 복제의 완벽성 때문에 이처럼 심도 깊은 철학적 주제를 던진다(심혜련, 2012).

의미가 있는데, 그것은 데이터가 추리와 추정의 기반이 된다는 것이다. 데이터의 수집, 관리, 분석이 정당하다면, 도출 결과로부터 신뢰할 수 있는 추리와 추정이 가능하다는 뜻이다. 이 말은 역으로 데이터 자체에 문제나 오류가 있다면 그것으로 비롯된 결과로부터의 추리나 추정은 타당하지도 않고 신뢰할 수도 없다는 뜻이기도 하다.

	A	B	C	D	E	F	G	H	I	J	K	L	M
1	학교급	학교이름	주소	소속 교육청	교장	교감	학급수	교사수	학생수	건물	졸업기수	졸업생수	설립년도
2	초	가나	서울시...	북부	김갑돌	이갑순	27	32	756	4	19	14,364	1995
3	초	다라	서울시...	서부	홍길동	변사또	45	51	1,350	8	25	33,740	1989
4	중	마마	부산시...	북부	성춘향	이몽룡	32	36	832	4	24	19,888	1993
5	중	사아	대구시...	남부	장길산	임꺽정	12	15	288	3	47	13,478	1970
6	고	자차	광주시...	동부	심청	박뺑덕	18	24	522	4	25	13,214	1992
7	고	카다	세종시...	남부	김춘추	김유신	25	31	710	5	32	23,125	1985

[그림 3-1] 데이터의 예시

데이터 기반 사회는 데이터가 지수 급수적으로 무한정 늘어나는 사회, 즉 데이터가 거대해지는 빅데이터 세상이다. '빅'데이터는 데이터 앞에 'big'이 붙어있다. 'big'에는 영어 알파벳 'v'로 시작하는 세 가지 의미가 있다. 간단히 '3v'라고 불리기도 한다. 이를 두고 그것이 빅데이터가 갖는 성격이나 속성이라고도 하며, 21세기 데이터의 변화된 모습이라고도 한다. 빅데이터의 성격과 속성이든, 데이터의 변화된 모습이든 빅데이터를 이해하는 데 있어 3v는 매우 중요하다.

첫째는 규모와 양을 뜻하는 volume이다. 개인이 생산하는 데이터의 수도 어마무시하므로, 전 지구인을 대상으로 한다면 그 규모는 가히 짐작하기 어렵다. 어느 누구도 1년 동안 생산되는 데이터의 양을 정확히 계산할 수 없다. 현대를 제타바이트(zeta byte) 시대라고 하는데, 이는 2의 70승이고 10진법으로 환산하면 약 10의 21승이다. 조만간 제타바이트를 넘어서 요타바이트(yotta byte) 시대로 넘어갈 것이

라고 한다.[5)]

둘째는 데이터의 형태나 형식에서의 variety, 다양성이다. 생성, 수집, 관리, 분석되는 데이터가 이제 숫자만이 아니라 문자, 기호, 이미지도 포함된다. 신문 기사나 소셜 미디어에서 나누는 대화에는 문자뿐만 아니라 기호나 그림, 심지어 영화 등도 들어 있는데, 이 모두가 데이터로서 분석의 대상이 된다.

셋째는 velocity, 속도다. 속도에는 데이터의 생성 속도뿐만 아니라 데이터를 기록, 저장, 처리하는 속도도 속한다. 손톱만 한 크기로 작아진 저장 장치의 진보와 대규모 데이터를 관리하고 처리할 수 있는 데이터베이스 및 컴퓨팅 기술의 발전으로 인하여 데이터를 빠르고 효율적으로 이용할 수 있게 된 것이다.

2.3. 데이터 분석과 데이터 사이언스의 필요성

데이터 기반 사회는 우리의 의지와 관계없이 데이터가 많이 생성되는 빅데이터 세상이다. 빅데이터 안에는 우리 삶의 면면이 흔적과

5) 크기는 킬로바이트(kilo byte), 메가바이트(mega byte), 기가바이트(giga byte), 테라바이트(tera byte), 페타바이트(peta byte), 엑사바이트(exa byte), 제타바이트(zetta byte), 요타바이트(yotta byte) 순이다. 디지털 데이터는 이진수로 표현되므로, 킬로바이트는 2의 10승, 메가바이트는 2의 20승, 기가바이트는 2의 30승이 된다. 이렇게 순서대로 밑수 2에 10, 20, 30, 40(테라), 50(페타), 60(엑사), 70(제타), 80(요타)을 붙이면 된다. 10진수로 환산해보면, 2의 10승의 킬로바이트는 1024, 대략 1000이다. 이 수는 10의 3승이므로, 2의 20승인 메가바이트는 1024 × 1024, 대략 10의 6승이 된다. 이런 방식으로 밑수 10에 지수가 3의 배수인 3, 6, 9, 12(테라), 15(페타), 18(엑사), 21(제타), 24(요타)가 붙는다. 그러므로 요타바이트는 1 옆에 0이 24개가 붙는 10의 24승이다. 그런데 엄밀히 따지면 10의 24승은 이진수 2의 80보다 실제로 더 적은 수다. 2의 10승을 우리에게 익숙한 십진법으로 바꾸려다 보니 1024를 약 1000, 즉 10의 3승으로 간주했기 때문이다. 하지만 십진수와 이진수의 오차는 10의 24승에서 21% 정도다.

기록으로 들어있다. 그런데 모아놓은 자료에 불과한 데이터를 쓸모있게 만드는 일은 분석이다. 데이터는 분석을 통하여 새롭고 유용한 가치를 창출할 수 있다. '구슬이 서 말이라도 꿰어야 보배다'라는 속담이 딱 어울린다. 이런 측면에서 빅데이터의 3v에 value라는 '가치'를 추가하여 4v라고 칭할 수 있다.

따라서 데이터의 적절한 분석은 새롭게 우리의 삶을 이해할 수 있게 해주며, 새로운 이해를 바탕으로 한 편리한 서비스를 개발하도록 해준다. 데이터 분석을 통해 어떤 현상을 다른 방식으로 해석할 수 있는 대안적 관점을 제시하거나 기존과 차별되는 신제품이나 혁신적인 서비스를 만들 수 있는 것이다. 구글이 사용자 로그 데이터를 분석하여 제공한 페이지 랭크(page rank)라는 검색 알고리즘 서비스, 아마존이 구매 데이터를 분석하여 소개하는 추천 상품 서비스, 넷플릭스가 리뷰와 평가 등급 데이터를 분석하여 알려주는 개인 맞춤형 영화 서비스, 삼성과 애플이 각종 센서 데이터를 수집하고 이를 제품에 응용한 유용한 기능들, Open AI가 인터넷의 방대한 말뭉치(corpus) 속 텍스트 데이터를 학습하게 하여 이용자의 질문에 답하게 하는 chatGPT 등이 바로 그 사례들이다. 현대인은 이러한 데이터 기반의 다양한 서비스에 익숙하다. 전 세계적으로 익히 알려진 굵직한 서비스 외에도 대중교통, 부동산, 여행, 병원, 음식점 등등 데이터를 기반으로 하는 수많은 서비스가 우리 주변에 포진하고 있다. 마치 숨 쉬는 공기처럼 너무 익숙한 나머지 우리 삶에서 이와 같은 서비스를 무시하고 살기란 결코 쉽지 않다. 이제는 데이터 분석을 통한 삶의 이해가 먼저고 서비스 개발이 나중인지, 아니면 서비스 개발이 먼저고 서비스에서 비롯된 데이터를 분석하여 삶을 이해하는 것이 나중인지 모르는 지경에 이르렀다. 아마도 서로 영향을 주고받으며 함께 발전해가는 것이리라.

한편, 데이터의 가치는 테크놀로지와 미디어의 발전으로 더욱 커졌다. 과거에는 전문가나 기관만이 생산과 공개가 가능했다. 일반 개인이 콘텐츠를 생산했을지라도 그걸 대중에게 공개하여 보급하는 일은 거의 불가능했거나 비용이 많이 들었다. 그러나 지금은 누구나 콘텐츠를 생산하여 대중에게 공개할 수 있다. 글을 쓰고, 사진을 찍고, 만화를 그리고, 동영상을 만들어 블로그, 페이스북, 인스타그램, 유튜브 등의 각종 소셜 미디어에 올리기만 하면 된다. 이런 콘텐츠 자체는 1차 데이터다. 이제 사람들이 콘텐츠를 읽거나 보고 또 누군가는 적극적인 반응을 한다. 1차 데이터에 접속했다는 것만으로도 기록이 되는데, 누군가가 남긴 댓글, '좋아요' 누르기, 여러 얼굴 표정의 '이모티콘' 보내기, '구독자' 되기, '이웃'이나 '친구' 신청하기 등의 적극적 반응은 말할 필요도 없다. 1차 데이터에 대한 2차 데이터가 생겨난 것이다. 인기 있는 1차 데이터에는 엄청나게 많은 2차 데이터가 붙는다. 조회수가 몇 백만이니, 댓글이 몇 만 개가 달렸느니 하는 이야기를 심심치 않게 들을 수 있다. 많은 인터넷 기업이 2차 데이터에 관심이 높다. 이건 그 콘텐츠의 내용이나 주제가 대중에게 관심을 받고 있다는 지표이며 당시의 사회상을 반영하기 때문이다. 따라서 1차 데이터에 연계된 2차 데이터를 분석하면 많은 것을 알 수 있다. 이를 토대로 기업은 신상품과 새로운 서비스를 개발하며, 정부는 행정, 안전, 복지 등의 편리함을 국민에게 제공한다.

데이터의 가치는 콘텐츠와 콘텐츠, 데이터와 데이터, 또는 콘텐츠와 데이터가 연결되면서 또 창출된다. 데이터 짝짓기 혹은 데이터

매시업(mashup)이라고 하는 현상이다. 관련 있는 데이터뿐만 아니라 상이한 데이터일지라도 연결하여 보강하는 것이다. 예를 들어, 고객 취향을 파악하는 데 있어서 거래 내역만을 갖고는 한계가 있으므로, 소셜 미디어 속에 들어있는 여러 고객들의 반응 데이터를 연결하는 것이다. 소개한 추천 상품이 고객의 관심사와 일치하려면, 고객이 구입한 상품 내역만으로는 부족하기 때문에 그 상품을 구입한 또 다른 고객들이 구매한 다른 상품들의 내역을 연결하는 것이다. 유명한 데이터 짝짓기, 데이터 매시업의 대표적인 예로는 자동차 내비게이션 프로그램이 있다. 지도라는 콘텐츠와 GPS 데이터가 연결된 프로그램이다. 또 하나가 코로나 확진자의 이동을 보여주는 지도이다. 지도 콘텐츠 위에 확진자가 다녀간 이동 경로의 데이터를 표현하고 그곳의 확진자 발생 인원 데이터까지 함께 제시하는 것이다.

이처럼 데이터가 빅데이터화하면서 데이터가 갖는 가치는 더욱 소중해진다. 그런데 이 가치는 아직 창출되지 않은 잠재적 가치에 불과하다. 데이터에 대한 적절한 분석이 없으면 아무도 모르게 그냥 지나칠지도 모른다. 기존의 데이터 분석 방법인 통계법으로는 부족하다. 곧 설명하겠지만, 통계법은 빅데이터를 대상으로 개발된 것이 아니기 때문이다. 데이터 사이언스가 부상하는 이유다.

2.4. 데이터 사이언스의 정의와 역할

빅데이터의 3v 혹은 4v는 데이터 사이언스가 출현한 배경의 하나로 꼽힌다. 이렇게 쌓여가는 빅데이터를 어떻게 활용할까 하는 관련 아이디어가 나왔기 때문이다. 빅데이터가 없었던 과거에도 관찰과 측정한 데이터를 수집하고 분석하는 과정에서 현재 우리가 알고 있는 많은 정보와 지식이 도출되었다. 데이터를 타당하게 분석할 수 있다면 거기서 정보와 지식을 얻게 되리라는 사실은 오래전부터 경험적으로 알고 있었다. 하물며 엄청나게 쌓여가는 빅데이터는 자체로 풍부한 잠재성을 갖고 있다.

데이터 사이언스가 출현한 배경에서 절대 빠질 수 없는 것이 데이터 분석 기술과 방법에서의 눈부신 발전이다. 과거에는 데이터를 분석할 때 분석 대상의 속성을 계량화해야 했고, 계량화된 데이터가 분석의 조건을 만족시켜야 했다. 계량화가 가능하지 않은, 조건에 만족하지 않는 데이터는 쓸모없는 데이터로 취급되거나 처음부터 배제되어 수집되지도 않았다. 지금은 상황이 다르다. 계량화가 어려운 데이터도 계량화시켜 분석하는 기법도 개발되었고, 분석 조건을 만족시키지 않아도 분석할 수 있는 기법이나 방안도 마련되어 있다. 실제로 많은 빅데이터들은 계량화가 어렵기도 하거니와 분석에 들어가기 전에 수고로운 절차를 거쳐야 하지만, 새롭게 고안된, 이른바 빅데이터 분석법에 의해 처리될 수 있다. 이를 위한 분석 알고리즘이나 소프트웨어가 개발되었음은 물론이다.

그렇다면 데이터 사이언스는 빅데이터를 분석하는 분야일까? 반은 맞고 반은 맞지 않는다. 데이터 사이언스가 빅데이터를 분석한다는 점에서는 맞지만, 빅데이터 분석에만 초점을 두는 것이 아니라는 점에서는 맞지 않는다. 만일 데이터 사이언스가 데이터 분석으로서의 존재 의미만 있다면 '빅데이터 분석론'이나 '데이터 마이닝'과 같은 용어가 훨씬 더 적합할지 모른다. 하지만 데이터 사이언스는 데이터의 분석을 넘어선다.

데이터 사이언스는 신생 분야다. 바라보는 관점에 따라 파생된 여러 모습으로 비추어진다. 비록 학습해야 할 내용이 컴퓨터 사이언스, 통계학, 수학과 밀접하거나 유사하기는 해도 어느 한 특정한 전공과 분야에서 독점할 수 없고, 자기네 분야라고 깃발을 꽂아놓은 상태도 아니다. 때문에 데이터 사이언스의 정의도 전문가마다 다양한 형태로 제시되는데, 이런 정의는 전문가가 속한 전공에 영향을 많이 받는다. 이러한 여러 정의에서 발견되는 전공 관련 개념들을 제외하고 공통적으로 남아있는 개념들을 추리면 다음과 같다. 데이터, 분석, 문제해결. 이 공통적인 개념으로 데이터 사이언스를 정의하면 다음과 같다.

데이터 분석을 통한 문제해결 분야

그런데 이 정의는 비록 핵심적인 개념으로 이루어진 것이기는 하지만 어째서 데이터 사이언스가 현대에 와서 출현하고 구체적으로 무엇을 하는 분야인지를 파악하기에는 부족하다. 개념에 대한 조건이나 설명이 요구되는 것이다. 먼저 '데이터'를 따져 보면, 3v로 요약되는 빅데이터의 성격이나 속성에서 잘 드러나 있다. 즉, 매우 규모가 크고 다양한 형태를 지니며 생성, 저장, 처리 속도가 빠른 빅데이터인 것이다. 물론 적은 수의 데이터가 데이터 사이언스에서 분석 대상이 아니란 뜻은 아니다. 데이터 사이언스의 강조점이 빅데이터에 있다는 의미다.

다음으로 '분석'을 생각해보자. 분석은 무엇보다 과학적이어야 한다. 분석을 수행하는 체계적인 절차와 과정이 있고 반복 가능해야 하며 오류의 가능성을 줄여야 한다. 도출한 분석의 결과를 해석할 때도 마찬가지다. 수치화된 분석 결과를 설명해야 하는데, 겉으로 드러나지 않은 원인이나 여러 원인이 복합적으로 얽혀있는 경우가 많아서 이성적인 논리와 구체적인 근거가 필수적이다. 해석은 특히 어떤 현상을 설명하기 위하여 첨예하게 대립되는 이론들이 존재할 때 매우 주의해야 한다. 왜냐면 해석은 대개 어느 이론에 바탕을 두고 이루어지기 때문이다.

분석 결과를 해석할 때 통찰(insight)도 필요하다. 예리하게 사물을 꿰뚫어 보는 능력인 통찰은 분석 및 해석하고자 하는 결과와 현상을 예리하게 바라보는 힘을 제공하기 때문이다. 서로 아무런 연관 없이 각각 분리된 것처럼 보이지만 사실은 서로 역동적으로 연결된 경우가 많다. 이처럼 보이지 않는, 숨어있는 관계 파악은 해석에 매우 중요하다. 통찰의 힘이다.

끝으로 문제와 문제해결을 고려해보자. 문제는 어디서나 발견된다. 답이 있든 없든, 심각한 것이든 하찮은 것이든, 해결하는 데 시간이 오래 걸리든 짧게 걸리든 문제와 그 문제를 해결하는 일은 중요하다. 학습자가 교육을 통해 길러야 하는 능력이 있다면 그것은 문제해결능력이다. 우리 삶은 언제나 다양한 문제에 직면하기 때문이다. 조나센(Jonassen, 2011)의 분류에 따르면, 서로 구분할 수 있는 상이한 문제의 유형이 11개나 된다.[6] 현실은 이러한 상이한 유형의 문제가 복잡하게 얽혀있으며, 겉으로 드러나기 전까지 잠재적으로 숨어있는 문제도 많다.

그럼 '데이터 분석을 통한 문제해결 분야'라는 데이터 사이언스의

6) 11개의 문제유형에는 논리문제, 알고리즘, 일화형 문제, 규칙사용문제, 의사결정, 결합해결, 진단해결, 전략적 수행, 사례분석, 설계, 딜레마가 있다.

원래 정의에 지금까지 살펴본 개념적 살을 추가하면 다음과 같은 정의를 얻을 수 있다. 이 정의가 저자가 견지하는 데이터 사이언스의 정의다.

> 데이터와 빅데이터의 과학적 분석을 통찰에 기반을 두고 해석하면서 다양한 유형의 문제 및 잠재적인 문제를 해결하는 분야

그렇다면 데이터 사이언스와 데이터 사이언스를 실천하는 데이터 사이언티스트는 어떤 역할을 할까? 데이터 사이언스의 정의에 데이터 사이언스와 데이터 사이언티스트의 역할이 이미 들어 있다. '데이터 분석을 통한 문제해결'이다. 하지만 데이터 분석에도 아주 많은 종류가 있고, 문제에도 매우 다양한 유형이 있으므로 데이터 사이언스의 역할을 구체적으로 파고들어 열거하면 헤아릴 수 없이 많다. 여기서는 과거, 현재, 미래라는 시간성을 중심으로 알아본다.

첫째로 과거의 패턴 발견이다. 지금 당장 측정하고 수집한 데이터라 해도 과거의 흔적이며 기록이다. 사실 현재와 가까웠느냐 멀었냐 하는 정도의 차이만 있을 뿐, 현재의 데이터란 존재하지 않는다. 이런 데이터가 아주 많이 모이면 그 안에서 보이지 않았던 무언가를 발견할 가능성이 높다. 예를 들어, 조상들은 자연을 계절의 패턴으로 파악하여 계절 패턴에 따른 농사를 했고, 달 모양의 주기적 패턴 변화를 이해하여 달력을 만들었고, 전염병에 따라 다르게 나타나는 증상의 패턴을 찾아내어 이에 대비하는 방책을 달리 세웠다. 이 모두 데이터 안에서 존재하는 패턴을 분석하여 발견한 결과다.

둘째는 현재의 개인화 맞춤형 서비스다. 수집된 데이터를 속성으로 나눈다면 그 속성으로 분류된 분석이 가능하다. 우리는 이미 분류할

수 있는 여러 속성을 알고 있다. 인종, 국적, 성, 연령, 학력, 직업, 거주지, 소득 등등 인구통계학적 변인들이 대표적이다. 여기에 성격, 스타일, 스트레스 수준 등의 각종 심리적 유형이 추가되기도 하고, 혈액형과 체질과 병력 등의 의학적 유형이 첨가되기도 하며, 정치의식 및 사회적 활동 성향이 덧붙여지기도 한다. 이처럼 속성을 활용한 분석결과는 집단을 특정하여 서비스를 제공할 수 있다. 더욱이 제공받은 서비스는 그전까지는 몰랐던 혹은 관심 없었던 자신의 취향과 특성을 깨닫게 되는 계기가 되기도 한다.

셋째는 미래의 예측이다. 과거에 운명을 기도와 신탁에 맡겼다는 영웅의 전설 같은 이야기도 많고, 관상이나 궁합, 풍수지리를 믿고 따랐던 사례도 많았다. 과학이 발전한 21세기에도 점집과 타로집이 성황을 이루고, 신문에는 오늘의 운세가 띠별로 혹은 별자리별로 제시된다. 동 · 서양 및 과거 · 현재를 가리지 않고, 과학적 근거가 충분한지에 관계없이, 미래에 발생할 일에 관심이 높았다는 사실을 말해준다. 내일의 날씨 예보는 어떨까? 올 하반기 경제성장이 둔화될 것인지 아닌지는 어떻게 알 수 있을까? CCTV는 어디에 설치하면 좋을까? 모두 과거의 반복된 패턴 발견이 미래의 예측과 연결된다. 패턴의 반복이 앞으로 발생할 어떤 순서를 미리 알려주기 때문이다. 미래를 알면 미리 대비할 수 있어서 피해를 선제적으로 막고 그것이 이득이 된다. 집적된 데이터의 분석 없이는 불가능한 일이다.

과거, 현재, 미래의 어떤 역할이든 핵심 과업은 데이터를 분석하는 일이다. 현대는 데이터 기반 사회이기 때문에 상당한 양의 데이터가 쌓여있고 지속적으로 쌓여간다. 무수히 많은 데이터 광산이 생겨나고 있는 것이다. 공공데이터포털(www.data.go.kr)에 가면 각종 분야에서 여러 데이터가 대중에게 공개되어 있다. 이제는 데이터가 없어서 분석을 못 하는 것이 아니라, 적절한 데이터 분석방법을 몰라서 못 한다고 표현하는 것이 더 타당하다.

2.5. 전통적 통계법과 데이터 마이닝

1) 전통적 통계법

빅데이터 분석법이 등장하기 전에 많이 사용한 데이터 분석법은 선형모형(linear model)에 기반을 둔 전통적인 통계법이었다. 선형모형을 쉽게 이해하려면, $y = ax + b$와 같이 1차 함수와 이 함수가 그리는 좌표평면을 생각하면 된다. 여기서 x와 y는 변인인데, 통계적 용어로 표현하여 y는 변인 x에 영향을 받으므로 종속변인, x는 y에 영향을 주는 독립변인이라고 불린다. 따라서 종속변인 y 값은 독립변인 x 값에 따라 변하는데, 변화의 양은 x 앞에 붙어있는 기울기 a에 달렸다. 그래서 만일 a 값이 0에 근접하면 독립변인 x는 종속변인 y 값에 별 영향을 미치지 않고, 음수든 양수든 a의 절댓값이 커지면 독립변인 x는 종속변인 y 값에 큰 영향을 미치게 된다. 따라서 이 관계에서는 기울기의 절댓값의 크기로 통계적 유의성을 검증하게 된다.

이처럼 전통적 통계법은 선형관계를 전제하기 때문에 각 변인들의 데이터는 개별적 속성을 지녀야 하며, 각 개별적 속성의 데이터는 서로 독립적이어야 한다는 뜻이다. 예를 들어, 부모의 사회경제적 지위가 자녀의 학업성취도에 영향을 미치는지 알아보기 위한 연구에서, 부모의 사회경제적 지위로 아버지의 월평균 소득, 아버지의 직업 종류를 조사했고, 자녀의 학업성취도로 수능의 국어점수, 수학점수, 영어점수를 취할 수 있다. 이때 아버지의 월평균 소득이나 직업 종류는, 자녀의 국 · 수 · 영 점수와 서로 다른 개별적 속성이며, 서로에게 독립적이다.

선형모형의 장점은 추리 혹은 추측통계(inference statistics)가 가능하다는 점이다. 대규모의 모집단(population) 전체의 데이터를 모두 수집해서 분석할 수 없으므로 모집단에서 일정한 수의 표본(sample)을 표집해서 이 표본들의 수치를 통해 모집단을 추정하는 것이다. 이때 독립변인이나 예측변인, 종속변인이나 결과변인으로 구분하여 각 변인 사이의 관련성, 인과성, 효과성을 가설검정을 통해 확인하는 것이 전통적 통계법의 전형적인 분석 절차다. 그러나 모집단에서 표본을 뽑아 추정하는 것이므로 표본의 각 변인들의 데이터 분포가 정규성, 독립성, 등분산성과 같은 통계의 기본 가정을 충족해야 하는 단점을 가졌다. 만일 이런 가정을 충족하지 못하면 분석 결과를 신뢰하기 어렵게 된다. 그래서 만일 전통적 통계법을 사용하고자 한다면 연구자는 표본을 신중하게 선발하고 설정한 변인의 데이터가 기본 가정을 충족하도록 데이터 수집에도 신중을 기해야 한다(조규락, 김선연, 2022). 물론 이런 단점에도 불구하고 선형모형에 기반한 가설검정을 통한 추리통계는 매우 견조한 데이터 분석방법이기 때문에 전통적인 통계법인 분산분석, 회귀분석, 경로분석, 구조방정식 등은 학술논문에서 자주 사용된다.

2) 데이터 마이닝

빅데이터 분석법은 대개 데이터 마이닝으로 불린다. 데이터 마이닝을 직역하면 '데이터 채굴하기'가 되지만, 데이터 내에서 어떤 가치를 발견하거나 알아낸다는 뜻을 가진 비유적 표현이며 빅데이터를 분석할 때 사용하는 용어로 확고하게 자리한 용어다. 데이터 마이닝은 분야에 관계없이 유용하게 활용할 수 있는 분석 수단이다.

데이터 마이닝은 분석하고자 하는 데이터 형식(format)에 따라 크게 둘로 나뉘는데, 하나는 정형 데이터를 분석하는 정형 데이터 마이닝이며 또 하나는 비정형 데이터를 분석하는 비정형 데이터 마이닝이다. 정형 데이터(structured data)는 수라는 형식의 연산이 가능한 데이터다. 반면에 비정형 데이터(unstructured data)는 정해놓은 형식이 없는데 그 상태로는 연산이 불가능하다. 예를 들어, 트위터, 페이스북, 유튜브, 블로그 등의 각종 소셜 미디어에서 나타나는 음성, 텍스트, 영상과 같은 데이터를 말한다. 교육과 학습 관련 데이터도 무엇을 어떻게 측정하고 수집하여 저장했는지에 따라 정형 데이터가 될 수도 있고, 비정형 데이터도 될 수 있다.

대표적인 정형 데이터 마이닝에는 군집 분석, 분류 분석, 연관 분석, 예측 등이 있다. 군집 분석(clustering analysis)과 분류 분석(classification analysis)은 유사하다. 군집 분석은 어떤 기준에 의해 비슷한 성격의 대상들끼리 그룹(cluster)으로 묶어주는 분석이며, 분류 분석은 어떤 기준에 의해 기존에 나뉘어 있는 그룹(유형) 속으로 대상들을 넣는(classify) 것이다. 예를 들어, 군집 분석을 통해 자동차 구입 고객들의 구매 패턴 특성에 의거하여 고객을 몇 개의 그룹으로 묶을 수 있고 그 그룹의 명칭(예컨대, 모험추구형, 안정추구형, 실용추구형)을 붙일 수 있다. 이처럼 군집 분석은 분석의 대상을 몇 개의 그룹(집단, 유형)으로 나눌 수 있는지를 알아보는 목적을 갖고 있다. 한편, 분류 분석을 예로 들면, 자동차 구매 패턴을 통해 개별 고객이 기존에 이미 나뉘어 있는 그룹 중 어디에 속하는지를 알아보는 것이다. 분류 분석의 경우, 그룹이 이미 나뉘어 있고 명칭이 있을 것이기 때문에 분석자의 명칭 부여가 필요 없다. 새로운 분류가 필요하지 않다면, 분류가 확정되어 있는 경우에는 군집 분석보다는 분류 분석이 바람직하다. 군집이든 분류든 적절하게 대상을 나누거나 묶으면 군집된 혹은 분류된 유형에 특화된 맞춤형 전략을 세울 수 있다.

연관 분석(association analysis)을 하면 자주 함께 발생하는 사건, 항목들을 찾아낼 수 있다. 또 유사한 취향을 알아내거나 서로의 항목들 사이의 연관성을 파악할 수 있다. A 사건이 발생할 때마다 B 사건이 발생한다면 사건 A와 B는 연관이 있으며, A라는 상품이 팔릴 때 B라는 상품도 함께 팔리면 두 상품은 연관성이 높다. 흔히 장바구니 분석(market basket analysis)이라고도 불린다. 예컨대, 사람들은 피자를 주문할 때 콜라도 함께 주문하는 경향이 있고, 치킨을 배달시킬 때 함께 맥주도 배달시키곤 한다. 피자와 콜라, 치킨과 맥주는 사실 완전히 다른 식품이지만 같은 장바구니에 함께 담기는 것이다. 따라서 피자집은 콜라를, 치킨집은 맥주를 함께 판매해야 수익이 더 크다. 또는 주문이 들어올 때 콜라나 맥주를 서비스로 제공하는 차별화 전략을 사용할 수도 있다. '팝콘 무비'라는 용어가 널리 알려져 있는 것처럼, 팝콘은 극장에서 영화를 관람하면서 먹어야 제맛이다. 영화관 앞에 팝콘을 판매하는 매점이 괜히 있는 것이 아니다.

예측 분석(prediction analysis)이란 미래의 양상을 예상하거나 어떤 값이 나타날지를 예상하는 분석이다. 예를 들어, 매년 월별 매출의 데이터를 갖고 있다면 당해 8월의 매출을 예상할 수 있다. 8월에 가장 높은 매출을 올렸고, 그 기간이 특히 여름 휴가철이라면 매출 신장을 위해서 선제적으로 무엇을 할지를 결정할 수 있다. 만일 광고 효과에 대한 월별 데이터를 가지고 있다면 광고로 인한 판매량의 추이를 예측할 수 있고, 이에 따른 적절한 광고 전략을 수립할 수 있다. 날씨, 요일, 상품의 종류, 경쟁 상품 등의 다양한 요인들도 예측 분석의 고려 대상이다. 여러 요인들을 신중하게 고려한다면 예측의 정확도는 올라갈 것이다. 예측 분석은 분류 분석이나 연관 분석과도 관계가 깊다. 연관 분석을 하면 어떤 상품이 어떤 상품과 함께 더 잘 판매될지 예측이 가능하기 때문이다.

이제 비정형 데이터 마이닝에 대해 알아보자. 대표적인 비정형 데이터 마이닝에는 텍스트 마이닝과 사회연결망 분석이 있다. 먼저 텍스트 마이닝(text mining)은 자연어로 표현된 문서나 텍스트를 분석하는 것을 말한다. 책, 잡지, 신문기사, 보고서, 보도자료, 학술논문, 연설문처럼 전통적인 종이 문서뿐만 아니라 이메일, 웹페이지, 블로그, 각종 댓글, 동영상 파일 등과 같은 전자적 형태 문서도 텍스트 마이닝의 분석 대상이다. 텍스트 마이닝은 이처럼 여러 형태의 텍스트로부터 패턴이나 관계를 추출함으로써 유용하거나 유의미한 정보를 획득하는 방법이다. 텍스트 마이닝은 빅데이터 분석방법의 하나로 지금 인기가 높지만, 그 역사는 1980년대로 거슬러 올라갈 정도로 짧지 않다. 하지만 대용량의 텍스트를 분석하기에는 당시의 컴퓨터 성능이 높지 않았을 뿐만 아니라 사용할 수 있는 분석 프로그램도 거의 없었다. 그렇다고 일일이 수작업으로 하기에는 너무 많은 시간과 노동이 요구되었다. 이럴 바에야 정성적 연구법을 활용하여 텍스트의 의미 내용을 분석하는 편이 더 바람직하다.

텍스트 마이닝이 대표적인 비정형 데이터 마이닝이 된 이유는 크게 두 가지 측면에서 찾을 수 있다. 첫째는 우리가 이용하는 정보의 대부분이 텍스트를 기반으로 한다는 점이다. 말도 글로 나타낼 수 있는 텍스트인데, 현대는 인터넷과 소셜 미디어의 등장으로 인해 하루가 멀다 하고 텍스트나 문서가 폭증한다. 폭증하는 다량의 텍스트를 모두 읽는 것은 불가능하고 훑어보는 것도 쉽지 않다. 하지만 텍스트 마이닝을 활용한다면, 텍스트나 문서를 어떤 기준에 의해 분류할 수 있고, 어떤 분야는 어떤 단어가 많이 사용되는지도 알 수 있고, 문서 내에서 단어 사이의 관련성이나 문서 내에 존재하는 주제를 빠르게 파악할 수도 있다.

사회연결망 분석(SNA: Social Network Analysis)은 개인과 개인, 개인과 집단, 집단과 집단 사이에 존재하는 관계, 즉 네트워크를 분석한다. 전문적으로 말하면, 개인들이나 집단들 사이의 연결 관계를 점과 선으로 모델링을 해서 그것의 위상구조와 확산 및 진화과정을 계량적으로 분석하는 방법론이다(김용학, 2011). 핵심 사항은 네트워크가 서로의 관계를 더 중시하는 개념이기 때문에 개인이나 집단을 별개의 독립된 개체가 아니라 연결로 본다는 것이다. 가장 간단한 네트워크는 두 명의 행위자가 서로 연결되는 모습인데, 여기에 여러 행위자들(node 또는 vertex)을 추가하고 이들 사이의 관계를 나타내는 선들(link 또는 edge)을 추가하면 여러 node에 여러 link가 연결된 복잡한 네트워크가 형성된다.[7] 집단의 네트워크를 보면 누군가는 다른

7) 행위자 네트워크 이론(ANT, Actor-Network Theory)은 행위자(actor)가 지역에 얽매이지 않고 시공간적으로 분산되어 네트워크를 이루고 있는 세상에 우리가 살고 있다고 말한다. 이때 행위자는 사람뿐만 아니라 동물이나 심지어 도구와 같은 무생물을 포함한다. 브루노 라투르(Bruno Latour)는 인간과 도구,

사람보다 더 많은 연결선을 가지고 있거나, 네트워크 속에서 가운데 위치하거나, 사람들 사이를 연결해주는 모습들이 관찰되며, 또 누군가는 연결선이 아주 적거나 변두리에 위치한다. 이러한 네트워크 모습은 행위자들 사이에 존재하는 사회적 관계를 여실히 보여준다. 연결선을 많이 가지고 있는 행위자는 큰 영향력을 가진 사람일 가능성이 크며, 네트워크의 한가운데에 위치한 행위자는 많은 정보가 그에게 집중되거나 그로부터 확산된다. 또한 누가 누구와 연락하고, 어떤 사람이 다른 사람들을 연결해주며, 그들은 몇 개의 다리를 거쳐 서로를 알게 되는지도 알 수 있다.

사회연결망 분석이 중요한 이유는 인간이 사회적 동물로서 사람들과 관계를 맺고 있다는 사실에 있다. 즉, 사람들은 가족관계, 친구관계, 직장 내 동료관계, 마을 내의 공동체 관계 등 여러 사회적 관계망을 형성하고 있으며, 이들의 사회적 행위는 맺고 있는 다른 사람들의 관계로부터 영향을 받는다는 것이다. 때문에 연결된 관계가 행동에도 영향을 미치므로 이 연결망을 연구하면 사람들의 행동을 분석할 수 있다. 더욱이 현대에는 소셜 미디어가 등장하면서 사람들이 사이버 공간에서 완전히 모르는 사람과도 관계 맺기가 수월해졌고 인간관계가 확장되었다. 클릭 한 번으로 친구도 되고 이웃도 되는 세상이다.

조직과 개인, 체제와 구성물처럼 구조와 층위에 기반을 둔 사회적 설명을 배척하고 모두가 동등한 행위자로서의 역할을 한다는 ANT를 주장함으로써 사회현상 해석에 신선한 충격을 주었다(류재훈 외, 2016; 브루노 라투르 외, 홍성욱 편, 2010). SNA는 연결망을 이루는 행위자(사람, 개념 등)의 관계성에 초점을 두는 것이므로 해석을 할 때 ANT의 관점을 이해하여 활용할 필요가 있다. 왜냐하면 행위자인 인간도 네트워크 속의 한 요소로서 그 네트워크와 분리될 수 없는, 네트워크에 의존하여 네트워크 속 다른 행위자와 상호작용하는 존재이기 때문이다(박휴용, 2021).

물론 이때의 친구나 이웃은 동창이나 동네 친구처럼 끈끈한 정으로 연결되어 있지는 않지만, 행동에는 영향을 미친다. 이러한 소셜 미디어는 온라인의 인맥 연결망과 메시지 정보가 결합된 구조를 지닌다는 특징을 갖고 있다. 다른 분야에서도 마찬가지지만, 교육을 놓고 보더라도 많은 교육용 콘텐츠가 소셜 미디어상에서 교류된다. 많은 사람들이 학습하면서 서로에게 영향을 주고받으며 끊임없이 새로운 내용과 유용한 정보가 생성되는 것이다. 따라서 이를 이해하고 분석한다면 기존의 연구방법에서는 도출할 수 없는 새롭고도 유용한 정보를 획득할 수 있다.[8)]

3. 결론: 미래교육을 위한 고려사항

데이터 사이언스를 수행한다고 해도 주의하지 않으면, 데이터 분석에 오류를 범할 가능성, 잘못될 소지가 상존한다. 절차와 단계를 따르지 않는다면 이 가능성은 더욱 커진다. 수집되는 데이터 안에는 무차별적으로 개인의 매우 다양한 정보가 저장되어 있고, 데이터 분석의 과정이 때로는 복잡하고 결과 해석이 어렵기 때문이다. 개인 정보의 유형만 보더라도 신체 · 정신 · 사회 · 재산적 정보와 여러 인적 사항이 망라된다.[9)] 종종 이러한 개인 정보와 민감한 사생활 및 프라이버시 정보가 유출되거나 개인이 식별되어 누구인지 특정되기도 한다.

8) 앞서 데이터 기반 사회의 성격을 설명한 부분에서 언급한 '데이터 네트워크 사회'로 인해 이 연결 관계가 더욱 확장되고 중첩되며 점차로 복잡해지는 경향이 생기고 있다.

9) 구체적인 개인정보의 유형과 종류는 조규락(2020, p. 274)에서 표로 정리되어 있다.

아무리 잘못이 없고 거리낌 없다고 하더라도 자신의 정보나 사생활이 대중에게 공개되는 것을 반길 사람은 없다. 가끔씩 심각한 사회문제로 비화되는 통신사, 은행, 인터넷 쇼핑몰 등에서 발생하는 대규모 개인 정보유출 사건이 신문 방송의 헤드라인을 장식하기도 한다. 우리 모두는 이러한 개인 정보유출의 피해자다.

데이터 분석은 수를 분석하는 만큼 프랑크푸르트학파의 비판에서 자유로울 수 없다. 현상이 그 현상을 낳게 하는 본질을 정확히 반영하는지도 확신할 수도 없는 마당에 현상 중에서 일부분만을 관찰한 수 데이터를 갖고 어떻게 본질을 설명할 수 있느냐, 본질이 아닌 다른 것을 측정하고 분석한 후에 이것이 본질이라고 우기는 것이 아니냐 하는 비판은 데이터 사이언티스트가 유념해야 할 비판이다(조규락, 김선연, 2022).

통계의 오류도 주의해야 한다. 통계의 오류가 발생하는 이유에는 크게 세 종류가 있는데(신은주 역, 2010), 첫째는 먼저 수집된(혹은 분석된) 데이터와 전체의 데이터가 거의 반대의 결과를 낳는다는 '심슨의 역설(Simpson's paradox)'이 있다. 어떤 조치를 취했는데, 그 조치의 1년치 자료의 분석에서는 매월 증가하는 결과가 나온 반면에, 그 조치의 10년치 자료 분석에서는 매년 감소하는 결과가 나올 수 있다. 그렇다면 그 조치는 효과가 있을까 없을까?

둘째, 데이터 선택도 통계의 오류를 발생시킨다. 아무리 빅데이터 분석이라고 해도 모집단 전체의 데이터를 수집해서 분석할 수 없다. 특정의 시공간으로 한정해서 분석할 수밖에 없다. 그럼 그 데이터가 전체를 반영하고 있는지가 중요하다. 예를 들어, 수백만 명에게 임상 실험한 신약이 효과가 있다고 해서 전 세계 모든 사람에게도 효과가 있다고 말할 수 있을까? 만일 임상 실험의 대상자 수백만 명 모두가 건강한 20~30대 청년이었다 해도 일리 있는 주장인가?

셋째, 데이터 수집할 때도 오류의 가능성이 비집고 들어올 여지가 있다. 대통령의 지지율 검사를 전화로 했을 때와 문자나 메신저로 했을 때 서로 상이한 지지율 결과가 나온다. 젊은 유권자는 전화보다 문자나 메신저에 더 많이 답을 하지만 나이 든 유권자는 전화에 더 많이 답을 한다. 같은 검사를 평일 대낮에 집으로 전화를 했을 때와 주말 대낮 혹은 평일 밤에 했을 때도 결과가 달리 나온다. 평일 대낮에 집에서 전화 받을 사람은 대체로 정해져 있지만 주말이면 달라진다. 수집되는 데이터는 요일이나 시간대에 따라 다르다.

이뿐이 아니다. 데이터를 수집하는 질문의 형태와 질문의 순서나 개수도 통계의 오류 발생에 영향을 미친다. 데이터에 응답하는 사람이 용어를 오해하고 있으면, 바르게 답할 가능성이 적다. 예를 들어, 얼마 전 6.25가 '남침'이 아니라 '북침'이라고 청년층의 다수가 답한 설문 조사 결과가 언론에 공개되었다. 이에 보수 기성 정치인들은 요즘 청년들의 안보 수준이 기대 이하라고 말하며, 청년들이 종북이 되었다느니 안보 교육이 잘못되었다느니 하면서 비판을 쏟아냈었다. 그런데 청년층이 '북침'을 '북한이 침략했다'는 말로 이해한 것이 밝혀져서 질문의 형태가 잘못된 것임이 드러났고, 비판을 한 정치인은 머쓱해졌다. 만일 '남한이 침략했다'라는 오해를 불러일으킬 '남침'이 아니라 '남한 침략' 혹은 '남한을 침략'으로 질문을 만들었다면 어땠을까? 또한 응답자가 처음 질문부터 마지막 질문까지 소신껏 일관된 답변을 할 가능성이 생각 외로 높지 않다. 특히 질문 문항의 개수가 많을수록 이런 경향성이 커진다.

데이터는 기록이며 흔적이다. 그런데 이 기록이 확실한 것이 아닐 수 있으며, 중요한 것은 어떤 이유로 빼놓고 중요하지 않은 것만 기록될 수 있다. 요즘 대졸자 직업이동 경로조사인 GOMS(Graduate Occupational Mobility Survey) 같은 패널 데이터를 분석한 연구가 학술지에서 많이 발견된다. GOMS 패널 데이터는 수년간의 종적 데이터를 차곡차곡 쌓아놓은 훌륭한 데이터임에는 틀림없지만 정작 연구에 꼭 필요한 데이터는 조사가 되어 있지 않은 경우가 많다. 이처럼 연구가 이미 수집되어 있는 데이터에 의존하게 되면 핵심적인 데이터가 아닌 상대적으로 덜 중요한 데이터만을 갖고 분석할 수밖에 없다. 이렇게 해서 도출된 결과는 현상과 본질을 정확히 설명하고 있을까? 프랑크푸르트학파의 비판이 매우 설득력 있게 들리는 것이 저자만일까?

또한 분석과 결과의 해석은 데이터와 별개다. 분석 방법을 잘못 채택하거나 도출된 분석 결과를 바르게 해석하지 못하면 수집하고 분석에 활용한 데이터가 아무리 좋아도 헛수고다. 올바른 분석 방법의 채택은 생각보다 어렵지 않다. 데이터의 조건이나 상황에 따른 분석 방법이 잘 서술되어 있는 서적이 많을뿐더러 학원이나 학교에서 분석 방법 관련 강좌가 개설되어 있기 때문이다. 정작 어려움은 분석 결과의 해석에서 비롯된다. 왜냐하면 데이터 속에 숨어 있거나 잘 보이지 않는 관계를 찾아내어야 하고, 그 관계가 무엇인지 타인이 이해할 수 있는 수준으로 설명할 수 있어야 하기 때문인데, 이것이 말처럼 쉽지 않다. 게다가 현대 사회에서 문제는 복잡하며, 다양한 시각이 서로 얽혀있고, 기존의 방안으로는 해결할 수 없는 경우가 다반사다. 이를 위해서 필요한 것이 데이터 사이언스 정의 속에 들어있는 꿰뚫어 보는 능력인 '통찰'이다. 그런데 통찰은 서적을 읽거나 강좌를 수강

하는 것으로는 쉬이 신장시킬 수 없다. 책을 읽고 강좌를 수강한다고 해서 통찰력이 늘지 않는 것이다. 분석 방법에 관한 책과 강좌가 넘쳐나고 있음에도 통찰력 신장에 특화된 서적이나 강좌가 없는 이유가 여기에 있다.

이처럼 데이터 사이언스는 빅데이터 열풍과 함께 찾아온 장밋빛 전망과는 달리 언제나 요술 지팡이가 아니다.[10)] 데이터 광산으로부터 저절로 유용한 가치가 도출되지 않는다. 전술한 바와 같이, 주의해야 하고 고려해야 할 사항이 많으며, 지켜야 할 절차와 따라야 할 체계적인 단계가 있고, 결과 해석에서 관계성에 대한 통찰도 필요하다. 하지만 주의와 고려사항을 충분히 검토하고, 절차와 단계를 성실히 따르며, 통찰을 발휘할 수 있다면 데이터 사이언스는 요술 지팡이는 아닐지라도 신제품과 서비스 개발이라는 비즈니스의 가능성을 열어주고 역사와 세상을 새롭게 조망할 수 있는 지식 창출 도구로서의 역할도 훌륭히 해낸다.

데이터 사이언스 관점에서 볼 때, 지식 창출은 순환과정이다. 어떤

---

10) 중앙대학교 김동환(2016) 교수는 빅데이터를 거품이라고 칭하면서 최근의 빅데이터 열풍을 신랄하게 비판한다. 그 비판의 근거가 비록 탄탄한 것 같지는 않지만, 빅데이터에 대해 모두가 열렬히 yes를 말할 때 혼자서라도 당당히 no를 외치는 그의 주장과 거품에 대한 우려는 성찰을 위해서라도 음미해볼 필요가 있다. 또 저명한 이스라엘 역사학자인 유발 하라리도 그의 저서 『호모데우스: 미래의 역사』에서 빅데이터와 빅데이터 알고리즘에 관해 매우 부정적인 시각을 드러낸다. 현재처럼 데이터의 양과 속도가 증가되고 이를 처리할 수 있는 효율적인 데이터 처리 시스템이 개발된다면, 한물간 알고리즘인 호모사피엔스는 이 데이터 처리 시스템에 종속된다는 디스토피아적 주장이다. 이 주장에 대한 근거가 데이터와 데이터 분석이 아니라 주로 자신의 경험담과 주변 목격담에 기반한 것이라 있는 그대로 수용하기 어렵다. 빅데이터 분석이라면 닥치고 조용히 있는 무비판적 태도를 취하거나 빅데이터 분석에 지나치게 의존해서는 곤란하다는 그의 우려로 이해할 수 있다.

현상에 대한 데이터를 수집하여 분석하면 현상에 대한 정보를 얻을 수 있고, 그 현상에 대한 데이터 분석 결과가 지속적으로 동일하거나 유사한 정보로 수렴하게 되면 지식으로 인정된다. 데이터가 분석을 통해 정보가 되고 정보가 축적되어 지식으로 정립되는 것이다. 구체적인 연구방향이나 데이터 분석 방법에서 차이는 있겠지만, 부모의 양육, 세대 간 구별, 언어와 문화의 역할 등 지금까지 많은 인문사회학적 지식 형성이 작든 크든 이런 과정을 거쳤다. 그리고 이 정립된 지식은 어떤 현상을 또 다른 시각으로 관찰할 수 있도록 하여 데이터 생산과 수집의 원천이 된다. 그럼 이 데이터를 분석하여 정보가 되고, 정보가 누적되어 새 지식으로 정립되는 것이다. 이렇게 데이터－정보－지식의 과정이 다시 데이터－정보－지식의 순환으로 연결되어 지속된다.

교육 현상도 마찬가지로 데이터 사이언스의 관점으로 이해가 가능하다. 교육 분야의 빅데이터는 엄청난 규모로 쌓여있고 분석을 기다리고 있기 때문이다. 기존에 조사해오고 축적되어 왔던 각종 데이터에 덧붙여 코로나 사태로 인해 초 · 중 · 고 · 대학에 각종 학원까지 수많은 비대면 원격 학습이나 언택트 수업에 따른 데이터의 흔적들이 기록되어 있는 것이다. 또한 학교교육이라는 제도적 형식교육이 아닌 비형식 혹은 무형식교육 관련 데이터로서 교육과 학습에 관한 소셜 빅데이터도 넘쳐난다. 데이터－정보－지식으로 이어지는 지식 창출의 순환 과정이 교육계에서도 발생할 수 있는 것이다.

따라서 신중하게 사용한다면 데이터 사이언스의 활용도는 다양하다. 그러나 놓쳐서는 안 될 점이 있다. 컴퓨터 프로그램, 알고리즘, 확률과 통계와 같은 하드 스킬(hard skills)의 데이터 처리 및 분석 기술만이 데이터 사이언티스트가 갖추어야 할 역량의 전부는 아니라는 점이다. 하드 스킬이 중요하지 않다는 말이 아니다. 사실 데이터를 어떻게 다루어야 하는지, 어떻게 분석해야 하는지가 핵심적인 기술이기는 하다. 그렇기 때문에 현재 데이터 사이언스의 많은 논의가 이 하드 스킬에 집중되고 있는 모양새다. 하지만 이에 못지않게 중요한 것이 통찰력인데, 이건 배우기도 신장시키기도 쉽지 않은 역량이다. 통찰과 관련하여 많은 데이터 사이언스 전문가가 하드 스킬 외에 데이터 사이언티스트에게 필요한 역량으로 탐험가나 예술가의 특성과 유사한 것들을 지적한다. 호기심, 열정, 직관력, 스토리텔링, 창의성, 비판적 시각, 글쓰기, 대화와 소통 같은 통찰 관련 소프트 스킬(soft skills)이다(조규락, 2021). 통찰력 있는 분석은 데이터 처리와 분석 기술에 대한 지식만으로는 결코 이루어지지 않기 때문이다.

자, 그렇다면 통찰 관련 소프트 스킬을 위해서 무엇이 필요할까? 답부터 말하면 인문학적 소양, 인문학적 사고이다(조규락, 2021). 왜 인문학일까? 인문학이 비판력과 상상력을 기저로 삼기 때문이다. 무엇에 대한 진정한 비판은 잘못을 따지거나 헐뜯는 것이 아니다. 왜 그렇게 행동하는지, 무엇이 그렇게 행동하도록 만들었는지를 따져보는 일에서 시작한다. 그리고 비판의 과정에서 그렇게 행동하지 않았을 가능성이나 전혀 다른 대안 행동을 다양하게 상상할 수 있다. 어떤 대안 행동은 현실에서 충분히 가능하지만 어떤 대안 행동은 실현 가능성이 없는 허무맹랑한 것일 수도 있다. 그러나 그 허무맹랑한 상상이 항상 상상으로만 끝나지 않는다. 근대 이전에는 새처럼 하늘을 나는 인간에 대한 상상은 실현 가능성이 전무한 허무맹랑한 것이었지만, 근대 이후에는 실현되었다. 상상하지 않았다면 비행기는 출현하지 않았을 것이다.

관련하여 저자의 경험을 소개해본다. 70~80년대 종로서적이나 교보문고 입구 공중전화 앞에서 자기 차례를 기다리느라 길게 늘어선 사람들을 보면서 벽돌같이 생긴 카폰은 이미 있는데 어째서 손에 들고 다니는 전화는 아직 없는지를 궁금해한 적이 있다. 그러고는 휴대전화가 나오면 지금 눈앞에 펼쳐진 풍경은 어떻게 될까, 사람들은 저마다 커다란 폰을 귀에 대며 거리를 활보할까, 혹시 전화가 너무 작아져서 마치 사람들이 혼자 말을 하는 것처럼 다닐까, 지금은 거리에서 혼자 말을 하면 미친 사람 취급을 받는데 그때가 되면 아무렇지도 않게 될까 등등 상상은 꼬리를 물고 이어졌다. 이 상상은 저자만의 전유물이 아니었다. 친구도 이런 상상을 한 적이 있다고 한다. 아마도 많은 사람들이 비슷한 상상을 했을 거라 믿는다. 이 상상은 정보통신 기술의 발달과 더불어 채 10여 년을 넘지 않아서 실현되었다. 상상의 실현이 어디 기술 발전에 의한 하드웨어뿐인가. 봉건 시대의 노예나 하층민이 주인이나 귀족층과 더불어 국가의 주인이 되는 민주 세상을 상상하지 않았다면, 그것을 실현하고자 하는 투쟁도 없었을 것이고, 그것을 당연시하는 오늘날의 세상은 도래하지 않았을 것이다. 물론 자연 법칙에 위배되어 실현이 완전히 불가능한 상상도 있다. 이런 상상은 공상(空想)이나 환상(幻想)에 속한다. 공상이나 환상을 제외하면 상상은 불가능이 아니라 아직 실현되지 않은 잠재 혹은 잠재태(潛在態)다. 휴대폰이 정보통신 기술의 발전을 기다렸듯이, 민주주의가 시민혁명을 기다렸듯이, 상상의 실현은 무르익어야 될 때가 있다. 지금 불가능하다고 상상을 허무맹랑한 것으로 치부하면 상상 속에 내재한 잠재성도 함께 버리는 우를 범한다.

인문학의 비판력과 상상력은 통찰력에 영향을 미친다. 무엇이 그렇게 만들었는지를 따지고, 왜 그런지를 밝히고, 혹시 다르게 해볼 수 있는지를 살펴보는 것에서 숨어있는 관계를 파악할 수 있기 때문이다. 적극적으로 표현하면 통찰은 비판과 상상에서 비롯되며, 이렇게 통찰은 인문학에 빚을 진다. 하지만 우리 사회에서 '문사철'로 대변되는 문학, 사학, 철학이란 인문학의 대명사는 인기가 없다. 인기 없는 이유는 말할 것도 없이 사회 구조 변화에 따른 직업의 변화다. 인문학 전공자가 마땅히 자리 잡을 양질의 직업이 없다는 것이다. 그래서인지 '문과라서 죄송합니다'란 자조 섞인 뜻의 '문송합니다'라는 말로 줄여 쓰고 말하기가 유행하였고, 교육부는 대학 지원금을 당근으로 삼아 대학의 인문학 관련 학과의 축소·퇴출에 앞장서며, 이 당근을 얻기 위해 대학들은 앞다투어 관련 학과의 인원을 축소하거나 아예 퇴출시켜 버리고 그 축소·퇴출 인원을 이른바 직업적으로 유망한 데이터 사이언스 및 관련 분야로 넘기고 있다. 그런데 그토록 유망한 데이터 사이언스에서 인문학은 절실하다. 통찰이 부족한 데이터 분석 결과의 기계적인 해석은 데이터 사이언스의 유용성을 현저히 떨어뜨리기 때문이다. 코미디 같은 기막힌 역설이 아닐 수 없다.

그래도 희망의 불씨는 꺼지지 않았다. 어느 순간 인문학이 부활하고 있는 것이다. 여기저기서 인문학의 필요성과 중요성을 말하고 있고 인문학 강좌들도 개설되고 있다. 한때 유행하는 '찻잔 속의 태풍'이 될지, 강력한 태풍으로 발전하여 외면하기 힘든 영향을 남길지는 두고 봐야 하겠지만, 데이터 사이언스의 부상과 더불어 인문학이 부활하고 있다는 점은 의미심장하다.

4. 질의응답

질문	데이터 사이언스를 사범대학 학생들, 예비교원들의 교육 그리고 현직 교원들을 대상으로 어떻게 적용할 수 있을지 궁금합니다.
대답	넓게 보면 전통적 통계법에 따른 데이터 분석도 데이터 사이언스 영역에 포함됩니다. 하지만 데이터 사이언스가 빅데이터 시대에 대중에게 부각되었으므로 빅데이터 분석법, 데이터 마이닝 기법을 실제에 적용해 보는 것이 중요합니다. 현재 각종 소셜 미디어에 많은 정형화되지 않은 데이터가 산재합니다. 일부는 교육과 학습에 직·간접적으로 관련되어 있습니다. 이를 크롤링해서 데이터를 수집할 수 있고, 노드엑셀(NodeXL)과 같은 소프트웨어를 이용하여 소셜 미디어상의 데이터를 크게 힘들이지 않고 수집할 수도 있습니다. 또 공공데이터포털 사이트에서 교육 관련 데이터를 다운로드 받거나, 에듀데이터서비스(EDSS) 사이트에서 제공하는 데이터를 다운로드 받는 것도 가능합니다. KISS 같은 학술정보검색 사이트에서는 논문과 간행물의 각종 서지 데이터를 구할 수 있고, 빅카인즈(BigKinds) 같은 뉴스 빅데이터 분석 시스템을 이용해서 교육 관련 기사를 형태소 데이터로 만드는 것도 가능합니다. 무료 혹은 유료로 이러한 분석을 도와주는 서비스 회사로서 Textom도 있습니다. 또 본문에서 잠시 언급했던 GOMS 패널 데이터도 데이터 마이닝을 할 수 있는 데이터입니다. 조금만 관심을 기울이면 데이터 사이언스를 적용할 수 있는 데이터가 주변에 많습니다.
질문	K-12, 고등교육에서 데이터 사이언스 교육이 지향해야 할 목표 및 방향은 무엇일까요? 실제 문제해결과 데이터 사이언스를 어떻게 연계하여 사고할 수 있는 역량을 배양할 수 있을까요?
대답	데이터 사이언스 교육이 지향해야 할 점은 본문에 나오는 저자의 데이터 사이언스의 정의에 반영되어 있다고 생각합니다. 즉, 기본적으로 지향점은 1) 과학적 분석, 2) 통찰에 기반을 둔 해석, 3) 문제해결입니다. 과학적 분석은 데이터 사이언스가 확립한 조건과 절차와 단계를 따라 분석을 진행하는 것이고, 통찰 기반 해석은 융복합적 지식이 동원되어야 하는데 이때 인문학적 소양이 요구되며, 문제해결은 분석과 해석이 어떤 문제를 해결하는 것으로 연결됨으로써 진보와 개선이 이루어져야 함을 뜻합니다. 이 데이터 사이언스의 과정은 결과적으로 새로운 지식창출의 과정이 되는 것이지요. 따라서 첫째, 과학적인 데이터 분석 역량은 확립된 데이터 분석에 대한 조건을 이해하고 절차와 단계를 익힌다면 가능합니다. 여러 유용한 데이

	터 마이닝 기법과 관련 지식을 습득하는 것입니다. 이에 따라 데이터를 수집하고 분석해서 결과를 도출함으로써 이 역량을 향상시킬 수 있습니다. 이 과학적 분석 역량이 제일 익히기 쉽습니다. 둘째, 통찰력은 하드 스킬이 아니라 소프트 스킬의 역량으로서 전체를 꿰뚫어 보아야 합니다. 이 과정은 다양한 시각에서 바라볼 때 비로소 가능하기 때문에 하나의 지식만으로는 부족합니다. 다양한 융복합적 지식이 부족하여 통찰력이 미약하면, 분석 결과에 대한 설명과 해석이 기계적이 되거나 동어 반복을 이루거나 심지어는 설명과 해석은 없고 결과만을 제시할 뿐입니다. 이건 해석의 빈곤입니다. 분석 결과와 이에 대한 해석은 다른 차원인데 말이죠. 특히 인문사회학 분야는 해석해야 할 의미 층이 단일하지 않은 경우가 많습니다. 단순하고 피상적으로 해석해서는 유의미한 설명이 어렵다는 뜻입니다. 이를 피하기 위해서는 주변으로 시야를 넓혀 여러 분야에서 다루고 있는 관점과 시각을 살펴보고 채용할 필요가 있습니다. 이 통찰 역량의 강화가 제일 어렵습니다. 어느 정도 향상되었는지 측정해서 확인할 방도가 요원하기 때문입니다. 셋째, 문제해결은 인지심리학과 교육학 분야에서도 오랫동안 관심을 두고 연구되어 온 분야입니다. 많은 학자가 문제해결에 천착해서 연구해 왔습니다. 예를 들어, 지금은 작고한 저자의 스승인 Jonassen 교수의 필생의 업적이 문제해결이었습니다. 관련하여 여러 저서와 논문을 남겼고 우리말 번역본도 여럿 출간되었습니다. 물론 이런 연구 결과물들을 읽고 공부한다는 것이 실제로 문제에 직면했을 때 그 문제를 해결할 수 있게 된다는 것을 직접적으로 의미하지도 않고, 또한 문제해결 분야의 공부가 문제해결력 향상에 바로 도움이 되지 않을 수 있습니다. 이론적인 공부가 반드시 그리고 항상 실제로 이어지는 것은 아니니까요. 하지만 분명히 어떤 실마리는 얻을 수 있습니다. Jonassen의 연구 결과들은 문제가 지니는 특성과 속성, 문제가 해결되어 가는 과정과 경로, 문제해결이 요구하는 조건, 문제의 성격에 따른 유형 등 문제해결력 향상에 도움을 주는 시사점들을 제공하고 있기 때문입니다.
질문	데이터를 활용하여 결과를 도출하고 어떻게 해석할 수 있느냐가 매우 중요할 것으로 보입니다. 결과의 불확실성 한계를 극복할 수 있는 방법이 있을까요?
대답	어떤 분석이든지 분석 결과는 분석에 사용된 데이터에서 비롯된 것입니다. 분석 결과와 해석이 유효하다면 그 유효는 분석에 사용된 데이터의 한계 내에서만 유효합니다. 따라서 다른 데이터를 분석에 사용했다면, 비록 그 데이터가 같은 현상에서 수집했다고 하더라도, 분석 결과는 달라질

수 있고 해석도 달라질 수 있습니다. 이에 빅데이터 분석에서는 현상에서 얻을 수 있는 모든 데이터를 분석하는 것이므로 분석 결과와 해석이 확실하다는 주장이나 언급을 들을 수 있습니다. 하지만 모든 데이터를 분석에 동원할 수 있다는 것이 이론적으로는 가능할지 모르나 실제로는 가능하지 않습니다. 빅데이터 분석은 아주 많은 수의 데이터를 분석에 활용한다는 것이지 현상 모두의 데이터를 수집해서 분석한다는 것이 아닙니다. 빅데이터 분석일지라도 통시적, 공시적으로 어느 일정 범위에서의 데이터를 분석하는 것이죠. 사정이 이러하다면, 어떤 데이터 분석 결과도 데이터를 생산하는 현상, 즉 우리가 궁금해서 밝히고자 한 대상에 대한 완벽한 해석과 설명은 한 번의 분석으로 가능하지 않습니다.

그러나 그 대상에 대한 데이터 분석이 반복적으로 이루어진다면, 대상의 실체적 모습을 그려볼 수 있습니다. 초기에는 어렴풋하지만 여러 번 분석을 시도하면서 윤곽을 파악하고 점차로 뚜렷해지는 모습을 얻는 겁니다. 특히 데이터를 얻기 위한 측정과 관찰의 도구가 매우 정교한 자연과학과는 달리 인문사회학의 도구는 부실한 경우가 많습니다. 때문에 인문사회과의 분석은 여러 각도에서 다수의 연구가 필요합니다. 지금 널리 알려진 많은 지식들은 반복적으로 축적된 분석 결과 때문입니다. 예컨대, 인간 본성과 남녀 성차에 따른 행동의 유사성과 상이성에 대한 진화심리학의 설명들, 인간 사회의 다양한 문화에 대한 인류학적 및 사회학적 설명들 말입니다. 교육 분야에도 이런 과정을 거쳐 확고해진 지식이 당연히 있습니다. 스키너(Skinner)의 강화이론은 과거 한때 광범위하게 수업에 적용되어 분석되었고 그 결과의 일부는 지금도 유효하며 인정받는 지식입니다. 인지주의나 구성주의 이론이 강조하는 학습자 활동과 학습자의 자발적 참여가 수업에서 중요하다는 것도 교육 현장에 적용되어 많은 분석이 이루어졌고, 이제는 거의 의심치 않는 지식이 되어 있습니다.

연구 분석이 반복적으로 이루어지는 것에는 또 하나의 장점이 있습니다. 그 축적된 분석 결과들이 메타분석의 데이터로 활용되기 때문입니다. 또한 동향분석에도 활용되는 데이터가 됩니다. 이제 결과의 불확실성은 점차로 희석되어 갑니다.

참고문헌

김동환(2016). 빅데이터는 거품이다. 페이퍼로드.

김명주 역(2017). 호모데우스: 미래의 역사. 김영사. Harari, Y. N. (2015). *Homo Deus: A brief history of tomorrow*.

김용학(2011). 사회연결망 분석(제3판). 박영사.

류재훈, 최윤미, 김령희, 유영만(2016). 행위자 네트워크 이론을 기반으로 한 교육공학의 학문적 정체성 탐구. 교육공학연구, 32(1), 1-27.

박순서(2012). 빅데이터, 세상을 이해하는 새로운 방법. ㈜레디셋고.

박휴용(2021). 4차산업혁명과 인공지능 시대의 포스트휴먼 학습론. 전북대학교출판문화원.

브루노 라투르 외, 홍석욱 편(2010). 인간・사물・동맹: 행위자네트워크이론과 테크노사이언스. ㈜도서출판 이음.

신은주 역(2010). 통계학 리스타트: 볼수록 매력 있는 유쾌한 통계 이야기! 이다 야스유키(저), 비즈니스맵.

심혜련(2012). 20세기의 매체철학: 아날로그에서 디지털로. ㈜그린비출판사.

조규락(2020). 데이터 사이언스 가이드: 이해와 실제와 전망. 학지사.

조규락(2021). 빅데이터와 데이터 마이닝. 이민경 외(2021), 제4차 산업혁명 시대의 대학교육(pp. 67-92). 교육과학사.

조규락, 김선연(2022). 사례로 배우는 기초통계. 양성원.

Jonassen, D. H. (2011). *Learning to solve problems: A handbook for designing problem-solving learning environments*. Routledge.

Mayer-Schönberger, V. (2015). Big data: a revolution that will transform our lives. Bundesgesundheitsblatt-Gesundheitsforschung-Gesundheitsschutz, 58, 788-793.

Weekly Biz (2015). [Cover Story] 빅데이터 대가 쇤베르거 "지금까지의 비즈니스는 잊어라". 2015.05.30. 기사.

World Economic Forum (2016). *The future of jobs: Employment, skills, and workforce strategy for the fourth industrial revolution*. World Economic Forum.

CHAPTER 04

AI 융합교육의 이해와 현황

최숙영(우석대학교 교수)

1. 시작하며

AI의 발전으로 기술혁신에 기반을 둔 산업구조의 변화와 함께 사회 전반에 걸쳐 혁명적인 변화가 일어나고 있다. AI의 기술적 발전은 이미 인간이 상상하는 수준 이상까지 도달했고 시간이 지날수록 그 속도가 빨라지고 있다. 특히 연산 속도가 급증하고 음성 · 언어 · 표정 · 제스처 등을 한번에 처리하는 멀티모달 AI 시대로 진입하면서 AI 시대는 새로운 국면을 맞이하고 있다. 이러한 AI 시대를 대비하기 위해 국가 전반에 걸친 준비가 필요하며, 그 중심에 교육이 있다. 미래 사회를 준비하기 위해서는 모든 학생이 기초 소양으로서 AI에 대한 기본적인 지식과 역량을 갖추고 이를 다양한 환경과 상황에 적용할 수 있는 능력을 기르는 것이 중요하다. 세계 각국에서는 이미 AI 소양을 갖춘 인재 양성을 위한 노력들을 하고 있다.

우리나라의 경우에도 2019년 발표된 '인공지능(AI) 국가전략'으로 AI 관련 전 분야에 대한 포괄적 전략 계획을 수립하였다. 2020년에는

'전 국민 AI · SW교육 확산 방안'을 발표하였고, 초 · 중 · 고 교육과정에 AI 관련 과목을 신설하여 학생의 진로 · 진학 방향에 따라 심화학습이 가능하도록 여건을 조성하고 있다.

AI의 역할이 단순히 공학적인 측면을 넘어 대규모로 확장됨에 따라 AI는 다양한 분야에 통합되고 있다. 이에 따라, 전 세계의 많은 교육기관은 공학에서 비즈니스, 과학, 인문학, 심지어 예술에 이르기까지 AI를 융합하기 위한 교육을 시도하고 있다. 그 예로 미국의 MIT는 스티븐 슈워츠먼 컴퓨팅칼리지(Stephen A. Schwarzman College of Computing)를 설립하여 컴퓨팅 및 AI를 모든 분야에 보다 효과적이고 창의적으로 융합하기 위한 다양한 교육 및 연구를 진행하고 있으며, 미국 펜실베이니아의 카네기 멜런(Carnegie Mellon) 대학교는 경영대학의 전체 MBA 프로그램에 AI와 기술 교육을 통합했다. 이 학제간 MBA 프로그램은 기초 비즈니스 분야에 기술, 공학 및 과학에 대한 전문 지식을 통합하고 있다. 또한 핀란드의 투르쿠(Turku) 대학교는 컴퓨터 비전공 학생들을 위한 다학제적 AI 교육 모듈을 설계하여 2019년 가을 학기부터 운영하고 있다. 국내 대학의 경우에도 AI와 융합교육의 중요성을 인지하고 최근 몇 년 사이에 'AI 융합학과' 'AI 융합교육전공' 등과 같이 AI와 융합한 전공 및 학과들이 신설되고 있다.

이러한 고등교육뿐만 아니라 K-12 교육에서도 AI 융합교육이 시도되고 있는데, 인도의 중등교육중앙위원회(CBSE: Central Board of Secondary Education)는 AI를 K-12 교육에 포함시키려는 시도로 각 교과에 AI를 통합하기 위한 AI 교육과정을 준비하고 그것을 확산하기 위한 핸드북을 개발하였다. 우리나라의 경우에도 2022 개정 교육과정안에 학습자들의 AI 소양 함양을 위해 모든 교과에서 AI를 활용하도록 하고 있다. 모든 교과에서 AI를 활용하도록 하는 근본 목적은 학습자들의 AI 소양을 함양하는 것뿐만 아니라 다양한 교과 지식에 AI를 융합함으로써 융합적 문제해결력을 증진시키는 것이다. 이처럼 단순히 각 교과에서 AI 도구를 활용하는 차원을 넘어 융합적 문제해결력을 추구하는 관점에서 볼 때 AI 융합교육은 중요하다.

현재 교육현장에서 일부 인공지능 선도학교를 중심으로 AI 융합교육이 시도되고 있지만, 아직 AI 융합교육에 대한 교수설계, 교육방법, 평가 등 전반적으로 AI 융합교육에 대한 연구가 부족한 상태이다.

이 장에서는 국내의 초중고에서 이루어지고 있는 AI 융합교육에 대해 살펴보고자 한다. 먼저, AI 교육에 대해 전반적으로 조망한 후, AI 융합교육의 특징과 AI 융합교육에서 궁극적으로 추구하고자 하는 역량이 무엇인지를 파악할 것이다. 또한 현재 이루어지고 있는 AI 융합교육을 몇 가지 측면에서 살펴봄으로써 융합교육에 대한 이해를 높이고자 한다.

2. 본론

2.1. AI 교육의 분류

교육 분야의 AI는 '도구로서의 AI'와 '내용으로서의 AI'로 구분할 수 있다. 이 구분은 Holmes(2019)가 교육 분야의 AI를 'AI로 학습하기'와 'AI에 대해 학습하기'로 구분하여 제시한 것과 같다. 즉, 교육의 '내용으로서의 AI'는 AI 자체에 대한 교육을 의미한다. 이는 AI에 대한 개념과 기술, 사회적 영향 등을 학습하는 것으로, AI를 독립된 하나의 교과로 지도하는 교육이다. 최근 세계 각국에서는 이를 위해 AI 교육과정을 마련하여 교육현장에 도입하기 위해 노력하고 있다. 우리나라도 2025년부터 적용될 2022년 개정 교육과정을 통해 초중고교에 'AI 교육'을 도입할 예정이다.

'도구로서의 AI'는 교과나 교육 전반에서 AI를 활용하는 교육이다. 즉, 각 교과의 수업을 위해 AI를 교수학습 도구나 매체로 활용하는 경우이다. 교육 전반에서 AI를 활용하는 경우는 에듀테크 관점에서 접근하는 것으로 교육의 혁신을 이루는 측면이 많다. 이러한 교육 전반에서의 AI 활용은 국외에서 '교육에서의 AI(AI in Education: AIED)'라는 명칭으로 30년 넘게 연구되어온 분야이다(Holmes, 2019). AIED는 교육의 여러 가지 측면에서 AI 기술을 활용하는 것을 목표로 하는 연구 분야라 할 수 있다. AIED를 국내에서는 'AI 활용교육' 혹은 'AI 기반교육'이란 용어를 사용하는데, 본고에서는 'AI 활용교육'으로 표현할 것이다. 이러한 AI 활용교육은 AI를 활용하여 교육의 질을 향상시키기 위한 분야로 교수자와 학습자의 교수학습, 기관 및 시스템 차원에서의 관리를 지원하기 위한 것이다.

2.2. AI 활용교육

AI 활용교육은 지원하고 있는 대상과 기능에 따라 분류될 수 있는데, Tuomi(2020)의 연구에서는 4가지(학습자 교육, 학습자 지원, 교수자 지원, 시스템 지원) 측면으로 구분하고 있다. 먼저 학습자 교육 측면은 교사가 학습자에게 개인지도하는 것처럼 시스템을 통해 학습자들의 교육이 이루어지도록 하는 것이다. 학습자 지원 측면은 학습자의 학습을 돕기 위한 것으로 AI를 활용한 탐구적 학습환경, 언어 학습 애플리케이션, AI 협동학습 등이 포함되어 있다. 교수자 지원으로는 서술형 평가, 자동테스트 평가, 오픈학습 자료 추천 등이 포함된다. 시스템 지원 측면은 교육 자원 할당을 위한 교육적 데이터 마이닝, 학습자의 학습 어려움 진단, 학습 연구 도구로서 AI 등을 포함한다.

Baker 외(2019)의 연구에서는 AI 활용교육을 학습자 중심, 교수자 중심, 시스템 중심 측면의 3가지 측면으로 구분하고 있다. 학습자 중심 측면은 지능형 교수 시스템, 적응형 혹은 개인화된 학습 플랫폼 측면에서 제공하는 것으로 학습자의 필요에 따라 학습 자료들을 큐레이팅(Curating)하고, 학습자 지식의 강점, 약점, 다른 학습자와의 학습 차이 등을 진단하며, 자동 피드백을 제공하는 것이다. 교수자 중심 측면은 교사들의 업무를 줄이고 학습자들에 대한 정보를 얻도록 하여 학습자들의 지도를 원활하게 하도록 도와주는 것이다. 시스템 중심 측면은 학교 혹은 교육 시스템들을 전반적으로 관리하는 사람들이 뭔가를 결정하려고 할 때 도움을 주거나 정보를 제공하게 되는 측면이다. 위의 관련연구들을 종합하면 크게 학습자, 교사, 조직 및 시스템 측면으로 구분될 수 있다.

이러한 AI 활용교육에서 AI가 교수학습을 지원하는 형태를 구분해 보면, 크게 '학습분석과 개인화된 학습', '의사소통과 상호작용', '촉진과 조정', '평가', '프로파일링(Profiling)과 예측', '콘텐츠 자동 생성'으로 구분할 수 있다(최숙영, 2021).

첫째, '학습분석과 개인화된 학습'은 교수학습과정에서 학습자가 수준에 맞는 학습내용을 학습하도록 하고, 학습에 따른 피드백을 적절히 제공받도록 하는 것이다. 대부분의 지능형 교수 시스템에서는 이러한 개인화된 학습을 지원하고 있다. 학습자별 맞춤형 학습내용과 학습단계를 제공하기 위해서는 기본적으로 학습자의 학습과정을 모니터링하고 분석하는 것이 선행되어야 한다. 즉, 학습자가 학습에 참여하는 동안 발생하는 상호작용에 대한 광범위한 데이터가 기록되고 분석되어야 한다. 이러한 학습분석 결과를 통해 학습자에게 맞춤형 피드백을 제공하게 되고 지능형 교수 시스템의 학습자 모델을 갱신하게 된다. 갱신된 학습자모델은 학습자에게 개인화된 학습을 지원하기 위해 어떤 학습 내용과 활동이 다음에 제공되어야 할지를 결정하는데 사용된다.

둘째, '의사소통과 상호작용'은 학습 과정에서 학습자가 질문을 하거나 도움을 요청할 때 적절한 피드백이나 힌트, 질문을 제공하는 방식이다. 이에 해당되는 것으로 챗봇(Chatbot)을 들 수 있다. 챗봇은 여러 서비스 분야의 예약, 주문, 자문 등을 지원하기 위해 개발되었으며 다양한 목적으로 상용화되어 사용되고 있다. 이 챗봇은 교육 분야에서도 다양한 목적으로 사용되는데 학생들이 요청하는 정보를 제공하거나 학습 내용에 대해 학습자와 대화하는 방식으로 사용되기도 한다. 즉, 학생들을 학습 주제에 대한 대화에 참여시키는 것으로 학습 주제에 대해 깊이 있는 이해를 이끌어 낼 수 있으며, 학생들 스스로 생각하는 힘과 자기효능감을 높이기 위해 피드백을 제공할 수 있다. 뿐만 아니라 챗봇은 언어학습에도 이용되고 있는데 학습자가 가상화된 환경에서 당황하지 않고 말하는 것을 연습하도록 돕는다.

셋째, '촉진과 조정'의 형태는 협력학습을 지원하기 위해 팀을 구성하는 것부터 학습과정 중에 학습자들의 참여를 독려하고, 필요한 정보를 제공하며, 참여 및 기여도를 평가하는 등의 일을 하는 것이다.

협력학습의 팀을 구성하기 위해 학생 정보를 분석하여, 학생들을 균형 있고 적절한 역량을 갖춘 최적의 그룹으로 구성할 수 있도록 한다. 또한, 그룹을 중재하고 도움을 제공할 수 있도록 하며 각 팀별 토의 과정에서 주제에 벗어난 토의를 진행할 때는 자연스럽게 주의를 환기하여 본 주제로 돌아올 수 있도록 지원한다. 그리고 학습과정의 데이터를 분석하여 학생들의 협업 및 팀 기여도 등을 평가할 수도 있다.

넷째, '평가'는 크게 학습 과정에서 학습의 개선을 위해 이루어지는 형성평가와 최종적으로 학습 성취도를 평가하기 위한 총괄평가로 구분할 수 있다. 학습자에게 맞춤형 학습 콘텐츠를 제공하고 적절한 피드백을 지원하기 위해 학습자의 선수지식, 학습과정에서의 학습 주제에 대한 이해정도, 학습과정의 참여정도 등 다양한 관점에서 평가가 이루어지고 있다. 뿐만 아니라, 자동채점 혹은 자동 에세이 평가와 같이 학습자들이 제출한 글에 대해 자동으로 평가를 수행하여 피드백을 제공하게 된다. 이러한 서술형 평가는 주로 총괄평가용으로 사용하고 있으며, 대규모의 평가에서 발생되는 비용의 문제, 신뢰성의 문제 등을 해결하기 위해 자연어처리와 같은 AI 기술을 사용하여 자동으로 평가할 수 있도록 개발되었다.

다섯째, '프로파일링과 예측'의 형태는 학습자 모델 혹은 프로필을 통해 학생이 코스에서 중도 포기할 가능성을 예측하게 되며, 그 예측 결과에 따라 적시에 학습자에게 도움을 제공하거나 학습 과정을 통해 나타난 문제에 관해 피드백과 지침을 제공한다. 학습자의 학습 성취에 대한 정확한 분석을 통해 학습자들의 입학 가능성을 예측하기도 한다. 이러한 프로파일링과 예측은 특히 고등교육에서 많이 활용되고 있다.

여섯째, '콘텐츠 자동 생성'은 요구 조건에 맞는 교수학습 자료를 생성해 주는 것으로 특히 ChatGPT와 같은 생성형 AI를 통해 교수자는 수업에 필요한 자료를 쉽게 만들 수 있다. 이를 통해 교수자는 수업 자료를 준비하는 시간을 줄일 수 있게 되었다.

2.3. STEAM 교육과 AI 융합교육

최근 AI가 사회의 다양한 분야의 업무 및 일상생활에 널리 사용됨에 따라 AI 융합의 중요성과 함께 AI 융합교육의 필요성이 부각되고 있다. 융합교육은 그동안 과학 교과를 중심으로 다른 교과의 주제와 융합하는 STEAM 교육이 대세를 이루어왔다. 그러나, 최근 AI의 중요성이 부각되면서 STEAM 교육에 AI를 융합하기 위한 시도들이 이루어지고 있다. 미국의 경우 2019년 카네기 멜런 대학에서 'AI와 STEM 및 사회의 미래'라는 주제로 워크숍을 개최하여 산학연의 전문가와 비전문가들이 모였는데, 이들은 AI와 STEM 교육을 통합하여 미국의 인력을 어떻게 변화시킬 수 있는지에 대해 토론하였다.

STEAM 교육에 AI를 활용하기 위한 접근으로 교수학습과정에 AI 원리, 개념, 도구 등을 활용하여 문제를 해결하기 위한 시도들이 국내외에서 이루어지고 있다. 국외에서 수행된 대표적인 연구로, PrimaryAI가 있다(Lee et al., 2021). 이는 미국 대학의 연구 프로젝트로 진행된 AI 융합교육 프로그램으로 초등학생을 대상으로 생명과학 문제해결에 AI를 활용한 학습 환경을 지원하는 것이다. 또한 Hsu 외(2021)의 연구에서는 AI-STEAM 과정이라는 명칭으로 AI 기술과 STEAM 학습 콘텐츠를 통합한 학제 간 융합 학습 콘텐츠를 개발하였다. How와

Hung(2019)의 연구에서는 AI를 사용하여 콘크리트 혼합물 입력이 다양한 조건에 따라 압축 강도의 출력에 어떤 영향을 미치는지 예측하기 위한 시뮬레이션 방법을 제시하고 있다. 국내 연구로 이소율 외(2021)의 연구에서는 생물 교육의 파충류와 양서류 분류 문제를 학습자들의 단순 암기를 통한 동물 분류가 아닌 심도 있는 이해를 위해 의사결정 트리 및 ML4K(Machine Learning for Kids) 머신러닝 교육 플랫폼을 활용하였다. 송정범과 박정호(2021)의 연구에서는 최근 이슈가 되고 있는 환경교육을 위한 해양 쓰레기 처리 문제를 해결하기 위해 HuskyLens와 Microbit 도구를 활용하여 해결할 수 있는 프로그램을 개발하였다. 이준행 외(2021)의 연구에서는 고등학교 과학 수업에서 활용할 수 있는 데이터 기반 교육 자료를 개발하였다. 그 연구에서는 딥러닝 지도학습을 이용하여 감쇠진동 현상을 학습할 수 있도록 했는데, 학교 현장에서 수집 가능한 실제 실험 데이터를 활용하여 기계학습을 위한 학습 데이터를 생성하고 이를 시계열 및 위상공간에서 시각화하여 학습과정에 따라 예측 결과가 어떻게 변화하는지 확인할 수 있도록 하였다.

STEAM 교육에서 AI 융합교육에 관한 연구들의 경우, 과학적 문제해결을 위해 대부분 데이터 분석과 기계학습을 적용하고 있다. 기계학습을 이용한 문제해결 과정은 [그림 4-1]과 같이 나타낼 수 있다. 먼저, 문제 인식 및 분석 단계로 주어진 문제를 인지하고 그 특성을 파악하는 단계를 거쳐, 문제해결을 위한 가설을 설정하게 된다. 그리고 설정된 가설을 검증하기 위해 데이터를 수집한다. 수집된 데이터는 전처리 과정을 거쳐 불필요한 데이터를 제거·가공하며, 가공한 데이터에서 중요한 특징을 추출한다. 선별된 데이터를 바탕으로 기계학습 모델을 훈련하며, 그 정확도를 평가하는 과정을 거쳐 기계학습 모델이 생성된다. 생성된 기계학습 모델을 문제해결에 적용하며, 이 과정에서 프로그래밍을 통해 프로젝트 결과물이 산출될 수 있다. 이후 문제해결 결과에 대한 팀원 간 협상과 토론, 수정을 거쳐 최종 결과를 도출한다. 그리고 최종 결과물에 대한 발표를 통해 피드백을 받게 된다.

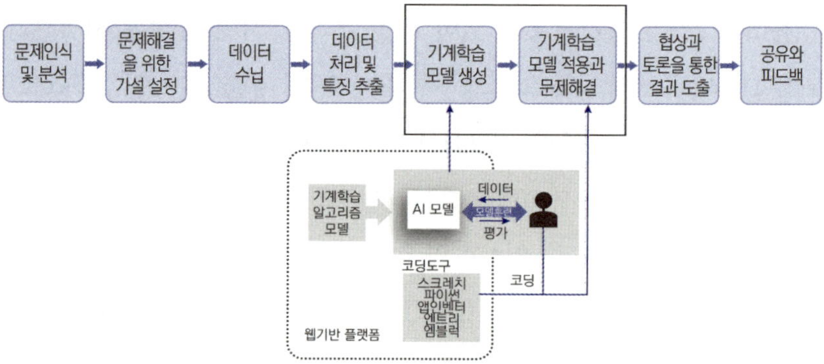

[그림 4-1] AI를 활용한 STEAM 교육에서의 문제해결과정

AI 융합교육에 대한 정의는 아직 학계에서 합의되지 않았다. 그러나, 교수·학습 활동을 개선하기 위한 목적으로 AI 기술을 다양한 교수·학습 도구와 자료나 활동에 융합하는 교육이라는 정의를 내리기도 한다(이재호 외, 2021). 안성훈 외 (2021)의 연구에서는 AI 융합교육에 대한 정의를 알아보기 위해 전문가들의 의견을 조사한 후 분석한 결과를 토대로 AI 융합교육을 다음과 같이 두 가지로 정리하였다. 첫째는 AI에 대한 기초적인 이해를 바탕으로 AI와 교과를 융합하거나 AI를 수업에 활용하여 학생의 창의적 문제해결력을 향상시키기 위한

방안에 대해 연구하는 교육이고, 둘째는 AI의 개념과 원리에 대한 이해를 바탕으로 교과(학문)간 융합을 통해 실생활 및 다양한 학문 분야의 문제를 창의적으로 해결하는 능력과 태도를 함양하는 교육이다.

AI 융합교육은 AI에 대한 원리와 기술, 도구의 이해를 바탕으로 다양한 교과의 내용과 관련 문제들을 새로운 관점으로 바라보고 창의적인 해결책을 제시할 수 있도록 하는 것이다. 즉, 각 교과에서 AI 개념과 AI 기술을 이용하거나 AI 도구들을 체험하거나 활용함으로써 문제를 해결하도록 하는 것이다(최숙영, 2023). AI 융합교육은 AI 내용교육과 AI 활용교육의 특성을 다 포함하고 있다고 볼 수 있다. AI 융합교육의 AI 내용교육 측면과 AI 활용교육 측면을 [그림 4－2]와 같이 각각 내용적 융합교육과 방법적 융합교육으로 구분하여 나타낼 수 있다. 내용적 융합교육은 각 교과에서 문제를 해결하기 위해 AI 개념과 원리, 기술 등을 이용하는 것인데, 이를테면, AI 관련 분류기법을 지리 정보 분석에 활용하거나 의사결정 트리 같은 AI 개념을 과학과 수업에서 동물의 종을 분류하는데 사용하는 것이다. 방법적 융합교육은 각 교과 수업의 학습 주제에 대한 학습자의 이해와 흥미를 높이기 위해 교수방법의 측면에서 AI 도구나 플랫폼을 활용하여 교육하는 것을 의미한다. 그 예로 AutoDraw와 같은 AI 도구를 이용하여 미술 시간에 그림을 그리거나 과학 시간에 AI 플랫폼을 사용하여 AI 모델 기반의 식물 분류 학습을 수행하는 것 등이다.

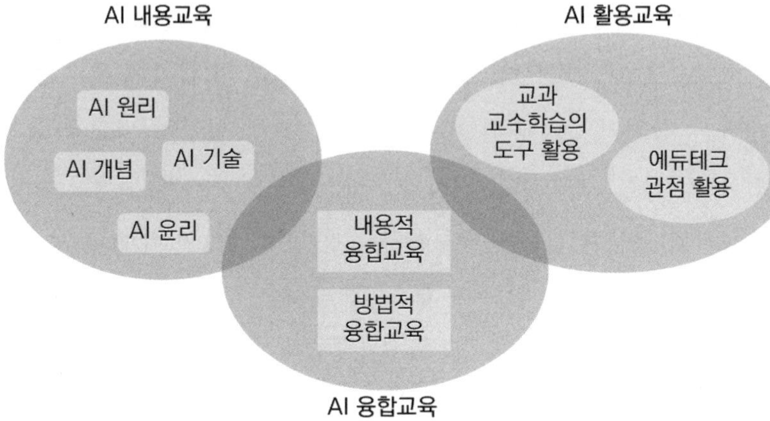

[그림 4-2] AI 내용교육, AI 활용교육, AI 융합교육

2.4. AI 융합교육의 추구역량

융합교육의 목적은 기존의 단편적 사실 중심의 교육에서 벗어나 교과 내 그리고 교과 간 학습 내용을 연결하여 학생들이 새로운 시각과 사고력을 함양할 수 있도록 하고 이를 통해 새로운 가치와 문제해결 능력을 키우도록 하는 것이다. 따라서, AI 융합교육을 각 교과별 수업에서 단순히 AI 도구를 활용하는 수업으로 한정하는 것은 적절하지 않을 수 있다. AI 융합교육은 교수학습과정에서 각 교과의 개념과 문제를 새로운 관점에서 바라볼 수 있도록 하고 관련 문제를 해결하기 위해 AI 개념, AI 기술과 AI 도구 등을 활용하도록 함으로써 각 교과의 효과적인 학습뿐만 아니라 AI 소양까지 함양하기 위한 교육이라고 할 수 있다.

따라서, AI 융합교육을 통해 궁극적으로 추구하고자 하는 거시적인 학습목표는 학습자들의 AI 리터러시 함양을 통한 문제해결력과 창의력 함양이라고 할 수 있다. 문제해결력과 창의력의 함양 측면은 기존의 융합교육에서 추구하는 목표와 유사할 수 있지만, 문제해결을 위해 AI를 적절하게 활용하는 것이 그 차이점이다. 미래 사회의 모든 삶의 영역에서 AI의 사용이 보편화될 것으로 예측되는 가운데 AI를 이용한 문제해결은 미래 사회를 살아가기 위해 꼭 필요한 역량이라 할 수 있다. AI 융합수업은 학습자들의 문제해결력뿐만 아니라 창의성과 혁신의 능력을 높일 수 있다. 즉, AI가 효과적으로 사용될 수 있는 문제 상황을 찾고, 그 문제 상황에서 적절히 AI를 활용하여 문제를 해결하며, AI로 해결할 수 없는 일에는 새로운 해결방법을 찾아내는 등 학습자의 창의성을 높일 수 있다.

뿐만 아니라 AI의 사용은 학습자와 학습자, 학습자와 AI의 협업능력을 높일 수 있다. 특히, AI와의 협업능력은 미래 사회의 핵심역량으로 대두되고 있기 때문에 이에 대한 준비가 필요하다. 또한, AI 융합교육은 다양한 상황에서의 AI 융합을 통해 학습자들의 변화 적응력을 높일 수 있다. 즉, AI 기술이 광범위한 분야에 영향을 미치며, 활용될 수 있음을 깨닫고, 다양한 분야로의 AI 기술의 접목을 시도해 봄으로써 변화 적응력을 높일 수 있는 것이다.

2.5. AI 융합교육의 분류

AI 융합교육을 학교 교육에서의 교과 간 융합교육 측면에서 고려할 때 다양한 관점에서 살펴볼 수 있다. 먼저, AI 융합교육이 이루어지는 중심교과의 관점으로 '정보교과', '정보교과 외 타 교과', '자유학년제/창의적체험활동'으로 구분하여 고려해 볼 수 있다. 융합교육을 위해서는 융합 가능한 주제를 선택하여 새로운 교육내용을 구성해야 된다. 이러한 융합교육의 구성을 위해 통합 모형의 관점에서 AI 융합교육을 살펴볼 수 있다. Fogarty(1991)의 통합모형에서는 여러 교과 간의 연계를 통한 통합 유형을 계열형(Sequenced), 공유형(Shared), 그물형(Webbed), 조직형(Threaded), 통합형(Integrated)의 5가지로 분류하고 있는데, 이러한 유형의 관점에서 AI 융합교육을 고려할 수 있다. 또한 AI 융합교육에 사용되는 AI 학습요소와 AI 학습활동의 관점에서도 살펴볼 수 있다. [그림 4-3]은 이를 보여준다.

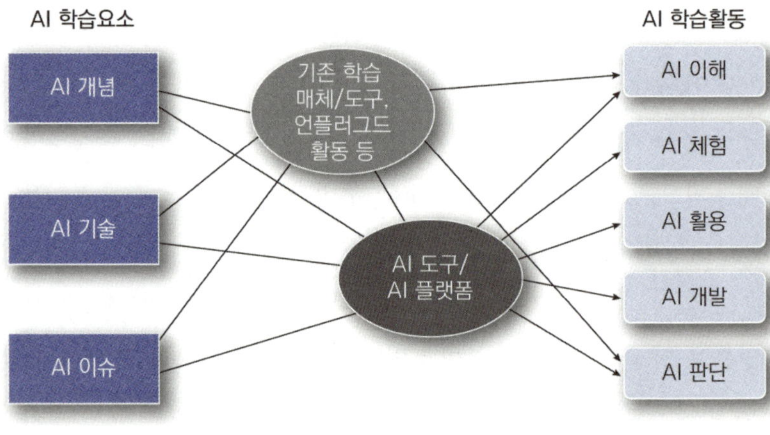

[그림 4-3] AI 학습요소와 AI 학습활동에 따른 AI 융합교육

이러한 AI 융합교육의 측면 중 AI 학습요소와 AI 학습활동의 관점에서 좀 더 자세히 살펴보면 다음과 같다. AI 융합교육에서의 AI 학습요소는 크게 AI 개념, AI 기술(Technology), AI 이슈로 구분할 수 있다(최숙영, 2023).

첫째, AI 개념을 이용하는 것은 이를 교과의 문제해결이나 이해를 돕기 위해 사용하는 것이다. 의사결정 트리 같은 AI 개념을 과학과 수업에서 동물의 종을 분류하는 데 사용할 수 있는 경우가 이에 해당한다. 둘째, AI 개념이 다양한 유형의 AI를 구현하는 데 사용되는 개념과 기법을 의미한다면, AI 기술은 이러한 AI 개념과 기법들을 이용하여 생성된 연구 분야 혹은 제품을 의미한다고 볼 수 있다. AI 기술을 이용한 수업의 경우에는 챗봇, AI 스피커와 번역기를 이용하여 영어 말하기와 쓰기 수업 활동을 하는 것이 이에 해당될 수 있다. 이와 관련된 사례로 손유정(2021)은 초등학생을 대상으로 영어 수업에 자체 제작한 챗봇인 AIENG를 활용한 수업을 진행하였다. 셋째, AI 이슈를 수업에 활용할 수 있는데 AI 윤리와 관련된 데이터 편향성, 딥페이크, 자율주행 자동차에서의 트롤리 딜레마(Trolley Dilemma) 등과 같은 주제들을 가지고 수업에 토론학습을 진행할 수 있다. 황정 외(2021)의 연구에서는 딥페이크 앱으로 MLife와 REFACE를 활용하여 화폐 속 인물을 입체 영상으로 만들어 보거나 본인의 미래 모습을 표현해 보도록 했는데, 이런 활동을 통해 딥페이크 앱 사용의 문제점들에 대한 토의를 유도하였다.

이러한 AI 학습요소와 함께 고려할 수 있는 것이 학습도구로서 AI 도구나 AI 플랫폼을 이용하는 것이다. 예를 들어 AutoDraw와 같은 AI 도구를 이용하여 미술시간에 그림을 그리거나 과학 시간에 신체의 부분을 그려보도록 함으로써 AI를 체험해 보도록 수업을 구성할 수도 있다. 또한 이러한 체험뿐만 아니라 학습과정의 문제해결이나 관련된 학습 주제를 다룰 때 직접 AI 도구나 AI 플랫폼을 사용하여 AI 모델을 만들고 적용해 볼 수도 있다. 한편, AI 융합교육의 수업에서 AI 도구나 플랫폼을 사용하지 않고 기존의 학습매체와 도구, 언플러그드 활용을 통해 AI 개념을 이해하거나 AI 윤리교육 측면에서 가치 판단과 같은 정의적 영역의 수업을 할 수 있다.

또한 AI 융합교육을 AI 학습활동의 관점에서 분류할 수 있다. AI 학습활동은 AI 이해, AI 체험, AI 활용, AI 개발, AI 판단으로 구분할 수 있는데, AI 이해 학습활동은 기존의 학습매체/도구를 이용하거나 언플러그드 활동을 통해 AI 개념과 AI 기술, AI 이슈들을 이해하는 것이다. 예를 들어, 언플러그드 활동을 통해 지도학습과 비지도학습을 학습하는 것이다. 장연주(2019)의 연구에서는 초등학생들을 대상으로 인공지능에 대한 개념을 학습하도록 머신러닝과 퍼셉트론 등의 주제를 언플러그드 교육 프로그램을 설계하여 적용하였다. AI 체험은 AI 도구/AI 플랫폼을 학생들이 직접 체험하도록 하는 것으로 국내 AI 포털인 뤼튼(WRTN)을 이용하여 그림을 그리거나, Semi-Conductor와 같은 AI 음악도구를 이용하여 가상의 오케스트라를 지휘해 봄으로써 AI를 체험한다. AI 활용은 학습이나 문제해결을 위해 AI 도구나 플랫폼을 활용하는 것이다. 예를 들어, 과학과 수업에서 학생들이 마스크를 착용했는지 안 했는지를 체크하기 위해 Teachable Machine을 이용하여 마스크 착용과 미착용 사진을 학습시켜 마스크 미착용 판별 AI 프로그램을 만들어 볼 수 있다. 영어 수업에서는 ChatGPT를 활용하여 영어로 대화하면서 말하기 학습을 진행할 수 있다. AI 개발은 AI 활용보다 좀 더 발전된 단계로 프로젝트 학습과 같은 학습자 주도적인 수업에서 AI 플랫폼을 이용하여 AI 모델을 생성하고 코딩을 통해 시스템을 개발하거나 IoT 키트와 연결하여 학습 결과물을 제작하는 것이다. 예를 들어, 사회과 수업에서 환경문제를 다룰 때 쓰레기를 분류해 주는 AI 모델을 만들고 이를 이용하여 쓰레기 분류 시스템을 만들어 볼 수 있을 것이다. AI 판단은 AI 이슈에 대해 기존의 매체/도구, 언플러그드 활동, AI 도구나 플랫폼 등을 활용하며 토론과 같은 학습활동을 통해 학습자들의 윤리 의식을 함양하도록 하는 것이다.

3. 결론: 미래교육을 위한 고려사항

AI 융합교육이 실제 학교 현장에서 활성화되기 위해서는 다양한 차원에서의 고려 및 지원이 필요하다.

3.1. 교사의 AI 융합교육 역량 함양

AI 융합교육이 학교 수업에서 효과적으로 이루어지기 위해서는 교사들의 역량이 매우 중요하다. AI 융합교육을 위한 교사 역량으로 다양한 역량이 필요하지만, 융합할 수 있는 주제를 선정하는 측면과 이에 따른 교육과정 재구성이 중요한 요소이다(양혜지 외, 2020). 융합교육의 주제 선정은 다양한 학문이나 교과뿐만 아니라 사회적 문제나 관심사 등의 분석 결과를 토대로 활용 가능한 지식이나 주제를 찾아내 수업으로 구성할 수 있는 것이라 할 수 있다. 교육과정 재구성은 선정된 융합주제를 바탕으로 수업을 기획하는 것이다. 즉, 학습목표와 교수학습, 평가까지 일관성을 갖추어 설계하는 것과 함께, 실생활 문제나 상황, 즉, 시나리오 개발 등이 포함된다.

뿐만 아니라, AI 융합교육은 AI 지식과 기술을 활용하여 교육이 이루어지기 때문에 이를 효과적으로 적용하기 위해서는 교사의 융합교육 역량뿐 아니라 AI 기술활용 역량이 요구된다. 먼저, AI 도구나 기술을 사용하는 교사들의 자신감과 스킬이 중요하다. 교사들은 AI 도구들이 어떻게 그들의 수업에 도움이 되는지에 대한 분명한 이해가 있어야 그들의 수업에 적절한 AI 도구를 사용할 수 있게 된다. 또한, AI 지식과 기술에 대한 이해와 제약조건 등을 습득하고 이러한 AI 기술을 교육적 맥락에 맞게 적절히 활용하는 능력이 필요하다. 이러한 관점에서 볼 때 교사 교육에서 AI 개념, 기술, 도구, AI 윤리 등에 관한 테크놀로지 지식(Technological Knowledge, TK)뿐만 아니라 교육학적 측면의 AI 융합 설계를 위한 교수방법 및 교수전략에 관한 교수지식(Pedagogical Knowledge, PK), 각 교과의 내용지식(Content Knowledge, CK) 등이 통합된 형태의 지식이 필요하다. 이러한 교사의 지식 구조를 확장한 모델로 TPACK(Technological Pedagogical Content Knowledge) 모델이 제안되었다(Mishra, Koehler, 2006).

3.2. AI와의 협업에서 교사의 주도적인 역할 강화

AI가 교육에 도입됨에 따라 학교 현장에 많은 변화와 혁신이 요구되고 있다. 먼저, AI는 교사의 업무를 좀 더 용이하도록 도와줄 수 있다. 즉, AI를 활용함으로써 행정적인 일에 쏟는 시간과 노력을 줄이고 교실에서 학습이 필요한 학생들에게 보다 관심을 쏟을 수 있을 것이다. 또한 AI는 교사의 수업 준비에 있어 지원 역할을 하게 될 것이다. 즉, 교사의 수업 자료 개발 시간을 줄일 수 있으며, 학습자의 특성과 특정 요구 사항에 더 잘 맞도록 표준화된 학습 자료를 찾는데 도움을 줄 수 있다. 또한, 학습자들의 상태를 파악하고 그에 따른 피드백을 보다 적절하게 제공할 수 있게 된다.

그러나 이러한 과정에서 교사의 주도적인 역할이 중요하다. 수업과정에서 교사는 어떤 AI 도구들을 사용할 것인지 결정을 해야 한다. 뿐만 아니라, AI가 제공하고 생성하는 자료들과 피드백에 대한 적절한 검토와 결정이 필요하다. 또한 AI가 생성한 산출물을 재구성하고 편집해서 학습자들의 흥미와 집중을 이끌어 낼 수 있도록 하기 위한 교사의 창의성과 주도성이 요구된다.

3.3. AI의 도입으로 인한 문제점들에 대한 인식

교육 관계자들에게는 AI의 도입으로 인한 여러 부작용과 문제점들에 대한 인식이 요구된다. 학습 데이터의 불균형 또는 데이터 내의 직·간접적인 편향으로 인해 일부 학생들의 학습 기회가 제한되거나 불이익을 받는 문제가 발생할 수 있다. 데이터의 편향성은 다양한 방법으로 알고리즘에 반영될 수 있는데, 데이터가 대표성이 없거나 사회에 내재된 바람직하지 않은 차별이 반영될 수도 있다. 어떤 민감한 속성 데이터가 제외되더라도 다른 속성들의 연결고리를 통해 반영될 수 있다. 또한, 알고리즘이 의도적으로 혹은 의도하지 않게 개발자의 편견과 선호도를 반영할 수도 있다. 따라서, 이러한 문제점에 대한 인식과 그 대책에 대한 고민이 있어야 할 것이다.

교육자들이 학습 이론과 실제 지식에 기반하지 않고 데이터에 기반한 기계학습의 결과에만 의존할 경우 위험이 존재할 수도 있다. 데이터로부터 얻는 통찰력이 중요하지만 데이터에 대한 인간의 해석은 여전히 더욱 중요하다. 교육에서 AI의 적용은 학습 원칙, 교육 실무자의 지혜 등을 함께 고려해야 하며, 편향 감지 및 공정성 개선에 관한 교육 전문가 커뮤니티의 전문 지식을 활용해야 한다. 뿐만 아니라, 교육 시스템에 내장된 AI 모델의 투명성과 검사 가능하고 설명 가능한 모델을 지원하기 위한 정책적 지원이 필요하다.

한편, AI 기술을 교육 데이터 분석에 적용함에 따라 학생과 교수진에 대한 기밀 정보와 관련된 많은 양의 데이터가 필요하게 되는데, 이로 인해 정보윤리 및 개인정보보호에 관한 문제가 발생할 수 있다. 즉, AI 활용교육 시스템을 개발하기 위해 수집된 대량의 데이터의 경우 누가 이 데이터를 소유하고 접근할 수 있는지, 프라이버시 문제는 없는지, 데이터는 어떻게 분석되고 해석되고 공유되는지에 대한 분명한 기준이 없으므로 파생될 수 있는 문제들이 있을 수 있다. 예를 들어 교실에서 학습자들의 지속적인 평가를 위해 설치된 센서 기술이 부모가 아이들의 모든 움직임을 감시하는 데 사용될 수도 있으며, AI 조교들이 교실의 스파이로 사용될 수 있다는 문제점도 있을 수 있다. 따라서, 데이터 소유와 사용에 대한 대책 등 개인정보보호 및 데이터 보호에 관한 문제를 심도 있게 고려해서 적절한 기준을 마련해야 한다.

3.4. 메타인지, 협업, 공감, 소통 능력의 함양을 위한 교육 강화

앞으로 AI 시대에 요구되는 역량이 무엇인지 고민하고, 그러한 역량을 함양할 수 있도록 교육의 변화가 필요한 시점이다. 인간과 AI의 공존 시대에 인간의 주도성이 강조되는 인간 중심의 AI를 추구하는 것이 중요하다. 불확실하고 대단히 복잡한 상황에서 무엇이 문제인지를 파악하고, 이를 해결하기 위해 창발적인 아이디어를 내고, 문제해결 절차를 섬세하게 설계할 수 있는 인간의 고도화한 역량이 필요하다. 이러한 역량과 관련하여 메타인지 능력을 생각할 수 있다. 메타인지는 자신의 인지 과정, 즉 자신이 어떻게 생각하고, 학습하고, 문제를 해결하는지에 대한 이해와 인식이다. ChatGPT와 같은 생성형 AI를 사용하여 적절하고 의미 있는 지식을 생산하기 위해서는 인간의 질문 능력이 중요하다. 좋은 질문을 위해 요구되는 능력은 이 메타인지이다. AI로부터 좋은 대답을 얻기 위해서는, 사용자가 자신이 가지고 있는 지식을 정확하게 파악하고 자신이 얻고자 하는 정보가 무엇인지 분명하게 알고 있어야 하는 것이다. 이러한 메타인지 능력을 함양하기 위한 교육으로 사물과 현상에 대해 깊이 있는 관찰, 문제 탐색 및 해결 방법에 대한 사고 및 시도, 그 과정에 대한 반추 등이 필요하다.

문제를 해결하는 과정에서 인간과 인간, 팀과 팀 간에는 문제의 인식이 다를 수 있고 갈등이 발생할 수도 있다. 이때 공통의 목적을 향해 설득하고 갈등을 해소하며 다른 구성원과 협업하여 팀워크를 다질 수 있는 소통능력이 그 어느 때보다 중요해질 것이다. 또한 AI 기술이 모든 것을 대체하지는 않는다는 사실을 직시하는 것도 필요하다. 인간적인 감성, 친밀감, 인간관계를 맺는 감각, 상대방 입장에서 생각하고 배려하는 소통능력은 기업뿐만 아니라 각종 커뮤니티와 사회 전반에 여전히 필요한 요소이다. 따라서, 이러한 협업 능력과 공감, 소통 능력 등을 함양하기 위한 감성 교육이 필요하다.

4. 질의응답

질문	AI 소양은 필요하지만 모든 학생들 대상으로, AI의 내용적 측면에서 AI의 원리를 어느 정도까지 가르칠 필요가 있을까요?
대답	AI 소양은 이제 모든 학생들이 갖추어야 할 중요한 역량입니다. 이에 따라 국내외적으로 학생들의 AI 소양을 함양하기 위한 교육과정들을 개발하여 AI 소양 교육을 시도하고 있습니다. AI 소양 교육을 위해서는 우선 교육내용에 어떤 요소들을 포함시켜야 하는지 또한 어느 수준으로 가르쳐야 하는지에 대한 고려가 필요합니다. 그동안 제시된 AI 교육내용들을 분석해 보면 크게 1) AI의 개념과 정의 2) AI 원리 및 기법 3) AI를 이용한 다양한 분야에서의 문제해결 4) AI의 윤리와 사회적 영향 5) 데이터 리터러시 등이 포함됩니다. AI의 원리를 이해하고 AI의 발전에 따른 우리 삶과 사회에 미치는 영향과 문제점에 대한 올바른 인식을 갖는 것은 모든 학생에게 필요하다고 생각합니다. 또한 문제해결의 관점에서 볼 때, 필요한 AI의 기법과 원리를 어느 정도까지 가르쳐야 하는지는 학교급별에 따라 다를 수 있습니다. 초등학생 수준에서는 AI 원리를 다양한 AI 도구의 체험을 통해 이해하도록 하는 것이 필요하다고 생각합니다. 중학생 수준에서는 AI를 활용한 문제해결의 가능성을 탐색하는 능력과 태도를 기르기 위해 AI 학습에 필요한 데이터 수집과 활용, AI 시스템을 활용하여 해결할 수 있는 문제 발견하기 및 AI 도구를 선택하여 문제 해결하기 등이 포함되도록 하는 것이 바람직해 보입니다. 고등학생 수준에서는 지능 에이전트의 관점에서 인공지능을 이해하고 기계학습을 통한 문제해결 방법을 익히고 적용하는 능력을 기를 수 있도록 기계학습의 원리, 기계학습으로 해결할 수 있는 문제 유형 비교, 기계학습 모델 등을 프로젝트를 중심으로 경험할 수 있도록 하는 것이 필요할 것으로 보입니다. 위와 같이 AI 소양 교육을 위해서는 브루너의 나선형 교육과정에 기반하여 학교급에 따라 점차 심화되는 내용을 다루도록 하는 것이 필요할 것입니다. 또한 각 학교급별로 어떤 내용을 어떤 수준에서 다룰 것인지는 AI 교육 전문가와 교사 등의 전문가 그룹을 통한 심도 있는 논의가 필요한 부분이라 생각합니다.

질문	AI 융합 수업에서 메타인지 능력 등의 고차적인 학습능력을 기를 수 있는 구체적인 방법이 궁금합니다.
대답	AI 시대에 필요한 역량 중의 하나로 메타인지 능력을 들 수 있는데, 메타인지는 OECD leaning framework 2030의 'learning compass'에서도 하나의 역량으로 포함되었습니다. 이러한 배경에는 학습자의 학습 주체성이 미래 시대에는 더욱 중요하기 때문입니다. 자신에게 필요한 지식이 무엇이며, 현재 무엇을 알고 있으며, 앞으로 무엇을 학습해야 하는지 인지하는 능력인 메타인지는 주어진 문제를 해결하고 새로운 목표를 설정해 가는 데 매우 필요한 요소입니다. AI 융합수업에서 이러한 메타인지 능력을 기르기 위해서는 우선 문제중심/프로젝트학습을 진행하는 것이 필요하다고 생각합니다. 학습자들이 직접 문제를 정의하고, 문제를 해결하는 데 필요한 지식과 기술이 자신들에게 있는지 또한 필요한 부분은 어떤 부분인지 분석하여 정리하도록 합니다. 또한 문제를 해결하기 위해 어떤 과정에서 어떤 AI 도구를 활용하는 것인지 함께 토론하며 결정하도록 합니다. 결과 도출 후, 자기 평가나 동료 평가를 통해 자신의 학습 과정과 팀 활동에 대한 성찰 과정을 갖도록 하는 것이 필요할 것입니다. 또한 전이의 관점에서 그 문제를 해결하는 것에 끝나지 않고 그 문제해결의 노하우를 어디에 적용할 수 있는지 함께 토론하는 것도 좋을 것 같습니다. 또한 생성형 AI를 활용한 수업인 경우에는 학생들이 AI가 생성한 콘텐츠의 정확성이나 유용성을 평가하도록 합니다. 또한 그와 함께 AI가 빠뜨리거나 부족한 내용에 대해 학습자가 보충하거나 추가하도록 합니다. AI가 생성한 학습 내용을 읽고 무엇을 알게 되었는지 말로 설명하거나 글로 써보도록 하는 것입니다. 또한 어떤 주제에 대해 생성형 AI를 통해 어떤 정보를 얻기 위해 필요한 질문을 만드는 것을 연습하는 것도 필요할 것으로 보입니다.

참고문헌

손유정(2021). AIENG 챗봇 기반 옹알이 프로그램으로 영어 의사소통 역량 기르기, 제15회 교육정보화연구대회 연구보고서.

송정범, 박정호(2021). 인공지능 도구 활용 환경 주제 STEAM교육 프로그램 개발. 디지털콘텐츠학회논문지, 22(11), 1825-1832.

안성훈, 김자미, 정인기, 전용주 (2021). 인공지능 융합교육 대학원의 운영 현황 분석. 정보교육학회 학술대회 발표 논문집, 12(2), 411-418.

양혜지, 김자미, 이원규 (2020). 초등교원의 SW교육 역량 추출. 학습자중심교과 교육 연구, 20(19), 1357-1378.

이소율, 이영준(2021). 파충류와 양서류 분류를 위한 인공지능 교육 기반의 융합 교육 프로그램 개발. Journal of Convergence for Information Technology, 11(12), 168-175.

이재호, 이승훈, 이동형(2021). 초등 AI 융합교육 프로그램의 교육 효과성 분석. 정보교육학회논문지, 25(3), 471-481.

이준행, 조정효, 채승철(2021). 인공지능 융합교육을 위한 데이터 기반 교육자료 개발: 감쇠진동을 중심으로. 현장과학교육, 15(2), 121-134.

장연주 (2019). 초등학교 인공지능 수업을 위한 언플러그드 교육 프로그램 개발. 서울교육대학교 석사논문.

최숙영(2021). 교육에서의 인공지능: 인공지능 활용교육에 관한 문헌 고찰. 컴퓨터교육학회 논문지, 24(3), 11-21.

최숙영(2023). AI 융합교육의 이해와 해결 과제에 대한 고찰. 산업융합연구, 21(1), 147-157.

황정, 최은정, 한정혜 (2021). 딥페이크 앱 활용 윤리교육 융합 프로젝트의 개발 및 적용. 정보교육학회논문지, 25(2), 405-412.

Baker, To., Smith, L., & Anissa, N. (2019). *EducAItion rebooted: exploring the future of artificial intelligence in schools and colleges. NESTA Report*.

Fogarty, R. (1991). *How to Integrate the Curricula*. Palatine, IL: IRI/Skylight Publishing.

Holmes, W., Bialik, M. & Fadel, C. (2019). *Artificial Intelligence In Education: Promises and Implications for Teaching and Learning*. Boston, MA: Center for Curriculum Redesign.

How, M. & Hung, W. (2019). Educing AI-thinking in science, technology, engineering, arts, and mathematics(STEAM). *Education Science*, 9 (3). DOI: 10.3390/educsci9030184.

Hsu, T., Abelson, H., Lao, N., & Chen, S. (2021). Is It Possible for Young Students to Learn the AI-STEAM Application with Experiential Learning? *Sustainability*, 13(19), 11114.

Lee, S. et al. (2021). AI-Infused Collaborative Inquiry in Upper Elementary School: A Game-Based Learning Approach. *The Thirty-Fifth AA AI Conference on Artificial Intelligence* (AA AI-21).

Mishra, P. & Koehler, M. (2006). Technological pedagogical content knowledge: A framework for teacher knowledge. *Teachers College Record*, 108(6), 1017-1054.

Tuomi, I. (2020). *Research for CULT Committee-The use of Artificial Intelligence (AI) in education*. Policy Department for Structural and Cohesion Policies.

CHAPTER 05

중등 교육에서의 데이터, 인공지능 융합 교육 사례

송석리(서울고등학교 교사)

현장 교사로서 미래교육이라는 키워드는 초임 교사 시절부터 지금까지 항상 관심의 우선순위에 있다. 사실 현재로부터 30년 후의 미래인 2050년의 교육을 예측하는 것은 어려운 일이고, 상상의 영역일 수 있다. 하지만 10년 정도 후의 미래라면 지난 몇 년간 진행되어 온 변화 흐름을 읽고 어느 정도 예측이 가능할 것이라고 생각한다.

그렇다면, 여러분은 '앞으로 10년 후 ○○○의 시대가 될 것이다'라는 문장을 보고, 여기에 어떤 키워드가 들어갈 것이라고 생각하는가?

'앞으로 10년 후 ○○○의 시대가 될 것이다'

여기에 들어갈 수 있는 단어는 '인구 절벽' 아니면 '기후 위기' 등 다양한 키워드가 있을 것이다. 이런 미래에 대한 다양한 키워드를 바탕으로 교육계의 공감대를 쌓아가는 과정은 미래교육을 준비하는 우리에게 반드시 필요하다.

그리고 ○○○에 들어갈 또 하나의 키워드를 꼽자면 '인공지능'이 있다. 인공지능은 앞으로 10년 동안 우리의 삶의 전반에 영향을 끼치리라는 것에는 대부분의 사람이 동의할 것이다. 그렇다면, 지금 우리 공교육에 필요한 것은 인공지능 시대를 대비하며 기존 공교육의 접근과 다른 관점에서 준비해야 할 것이 무엇인지를 통찰하고 이에 대한 계획을 세우고 실천하는 것이 가장 중요할 것이다.

또한 우리는 2010년대를 지나오며 배웠던 교훈을 잊지 말아야 한다. 스마트폰의 탄생으로 인한 모바일 혁명이 결국 온 세상을 바꾸었지만, 그 중에서 교육의 큰 틀이 변한 부분과 잠시 잠깐의 유행이 존재했던 것처럼 인공지능이 주도하는 빠른 변화 속에서 유행처럼 스쳐 지나갈 것과 10년이 지나도 여전히 변하지 않을 큰 흐름이 무엇인지 분별할 수 있어야 한다.

1. 시작하며: 알파고와 문제해결

인공지능이라는 단어를 우리나라에 가장 크게 각인시킨 사건은 아마 이세돌 9단과 알파고의 바둑 대국이었을 것이다. 그리고 이 대국의 의미를 곱씹어 보는 것은 매우 의미 있는 일이라고 생각한다.

이세돌 9단과 알파고의 대국이 있기 얼마 전 한 뉴스 프로그램의 인터뷰에 이세돌 9단이 나와서 대국에 대한 소감 등을 이야기한 적이 있다. 2016년 초에는 인공지능 전문가들조차 바둑이라는 복잡하고 어려운 문제에 있어서는 아직 인공지능이 사람을 이기기는 어려우며 특히 이세돌 9단과 같은 창의적인 바둑 기사를 인공지능이 이기려면

출처: https://m.dongascience.com/news.php?idx=10805

[그림 5-1] 바둑기사 이세돌과 인공지능 알파고의 두 번째 대국

앞으로 몇 년은 더 걸릴 것이라는 것이 당시 중론이었다. 이세돌 9단 역시 당시 인터뷰에서 큰 자신감을 보여주었다. 앵커의 "알파고 개발자가 승률이 50:50이라고 하던데요?"라는 질문에 이세돌 9단은 "그분들은 엔지니어라서 바둑을 잘 모르셔서 그런 것 같은데요. 50:50은 아니고 5:0 또는 4:1 정도로 제가 이길 겁니다. 그런데 만약 제가 한 판만 지더라도 아마 알파고 측에서는 인공지능이 사람을 이겼다고 할 겁니다."라고 말한다. 그리고 인터뷰 말미에는 "알파고가 저에게 한 수 배우러 오는 것이라고 생각하고, 이번에 지면 2년 후쯤 재도전하지 않을까 생각합니다."라고 이야기를 한다. 그리고 당시에 수많은 사람들은 그렇게 자신감 넘치는 '사람 대표' 이세돌 9단의 승리를 기원했고, 응원했다.

그리고 대국의 결과는 모두 알다시피, 이 대결은 이세돌 9단의 예측과 반대로 이세돌 9단이 다섯 판 중 한 판을 이기면서 4:1로 알파고의 승리로 끝난다. 이후 알파고는 당시 세계 바둑 1위였던 커제 9단을 5:0으로 이긴다. 하지만 그 후 새로운 학습 방법을 적용한 인공지능인 알파고 제로가 그 이전 버전의 알파고를 100:0으로 이기며 바둑계에서 은퇴한다. 이세돌 9단이 예측한 것과 달리 2년 후에는 더 이상 알파고는 바둑을 두지 않았다.

이 역사적 사건 속에는 정말 많은 인사이트가 담겨있지만, 두 가지만 살펴보자.

첫 번째로 알파고 사건으로 인해 '인공지능은 창의적인 문제를 해결하지 못할 것'이라는 당시의 고정관념이 깨졌다. 더 정확하게 말하면 인공지능은 절대 풀지 못할 것이라고 생각했던 영역이 있었는데, 그것이 깨진 것이다.

그런데 지금 생각해 보면 또 다른 흥미로운 지점이 있다. 이 표는 2016년 3월, 알파고 사건이 있고 난 뒤 한국고용정보원에서 만든 자료다.

1	화가 및 조각가		1	콘크리트 공
2	사진작가 및 사진사		2	정육원 및 도축원
3	작가 및 관련 전문가		3	고무 및 플라스틱 제품조립원
4	지휘자·작곡가 및 연주가		4	청원경찰
5	애니메이터 및 만화가		5	조세행정사무원

출처: https://www.goodnews1.com/news/articleView.html?idxno=65279.

[그림 5-2] 한국고용정보원의 인공지능이 대체할 수 있는 직업과 대체하기 어려운 직업

위 내용 중 한 가지는 인공지능이 대체할 수 있는 직업이고, 나머지 한 가지는 인공지능이 대체하기 어려운 직업이다. 어떤 쪽이 인공지능이 대체할 것이라고 예측한 직업일까?

지금 시점에서 보면 화가, 사진작가, 작가, 작곡가, 애니메이터 등의 직업이 콘크리트공, 정육원, 청원경찰보다 더 인공지능에 영향을 많이 받는 것처럼 보인다. 그런데 2016년 당시에는 화가, 사진작가와 같은 일들을 인공지능에 대체되지 않을 직업으로 생각하였다. 그 이유는 '바둑은 작은 바둑판 위에서 규칙이 있는 게임을 하는 것이기 때문에 인공지능이 해결할 수 있지만, 예술의 세계는 창의적인 영역이기 때문에 인공지능이 절대 대체할 수 없을 것이다'라는 믿음이 당시 사람들에게 있었기 때문이다.

그리고, 2016년의 바둑 영역에 이어서 2020년대에는 창작의 영역에서도 인공지능이 영향력을 확장하고 있다. 하지만, 우리에게는 여전히 '그래도 이 부분은 인공지능으로 절대 안 되지'라고 생각하는 부분이 존재한다. 물론 인공지능이 모든 문제를 해결할 수는 없지만 '지피지기면 백전불태'라는 손자병법의 내용처럼, 우리는 인공지능에 대한 이해를 바탕으로 인공지능의 영향력을 판단할 수 있어야 한다.

알파고 사건을 통해 배울 수 있는 두 번째 사실은 인공지능의 문제해결능력은 엄청나게 빠르게 발전한다는 것이다.

불과 1년 전까지는 인공지능이 프로 바둑 기사를 이긴다는 것은 불가능한 문제였는데 알파고는 1년 사이 괄목할 만한 문제해결능력의 향상을 이루었다. 이런 패턴은 알파고 이후 딥마인드가 만든 단백질 구조 예측 인공지능인 알파폴드에서도 또 한 번 증명이 되었다. 단백질 구조 예측 문제는 생명과학계에서 오랫동안 중요한 문제로 여겨지며 많은 과학자가 이 문제를 해결하기 위한 노력을 기울여 왔다. 그러한 노력을 통해 과학자들은 19만 개라는 많은 수의 단백질 구조를 확인하였다. 그런데 딥마인드가 만든 인공지능인 알파폴드는 불과 몇 년 만에 100만 개의 단백질 구조를 확인하고, 그로부터 1년 후에는 2억 개가 넘는 단백질 구조를 확인하게 된다. 딥마인드가 처음 이 단백질 구조 예측 문제를 해결하겠다고 도전했을 때 많은 과학자들은 딥마인드가 과학 분야에 혁신을 가져올 것이라고 예상하지 못했다고 한다. 이 장면은 앞서 이야기한 이세돌 9단의 이야기와 오버랩된다. 그리고 이 두 이야기를 통해 우리가 명심해야 할 부분은 인공지능은 한번 문제를 풀기 시작하면 그 문제를 해결하는 속도에 있어서 사람의 추종을 불허한다는 것이다. 게다가 인공지능의 발전은 이제 막 시작에 불과하다. ChatGPT의 등장과 함께 다양한 영역의 문제를 해결하는 능력에 있어서 사람과 견줄 수준의 인공지능이 처음 나왔지만, 인공지능이 풀 수 있는 문제의 영역은 앞으로 더 늘어갈 것이고, 풀 수 있는 문제의 수준도 점점 더 높아질 것이다.

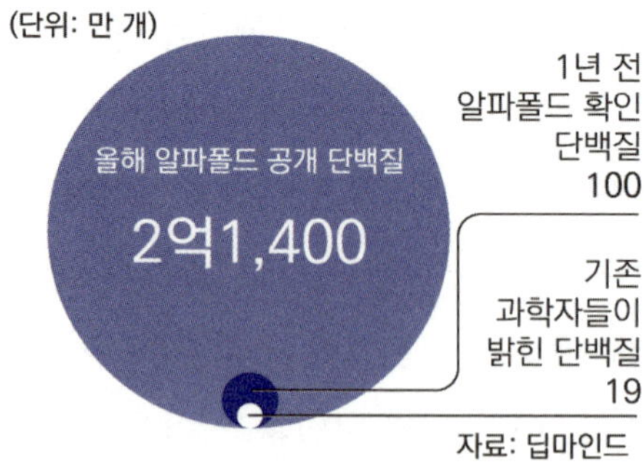

출처: https://www.hankyung.com/article/2022080223201

[그림 5-3] 단백질 구조 확인 인공지능 알파폴드

지금까지 알파고 사건을 중심으로 인공지능의 문제해결능력에 대해 살펴보았다. 앞으로 인공지능이 해결할 수 있는 문제의 범위는 더 넓어지고, 인공지능이 문제를 해결하는 수준이 더 높아진다면 우리 교육에선 어떤 것을 학생들에게 가르쳐야 할까?

10년 후, 사회에 나아가 살아갈 우리 아이들에게 지금의 기술을 잘 활용하도록 하는 것이 과연 우리가 추구해야 할 인공지능 시대의 교육일까? 만약 그렇지 않다면 이런 시대에 우리 교육은 어떤 본질적인 변화를 꾀해야 할까? 그리고 그 변화의 폭은 기존 교육에 얼마나 많은 변화를 요하는가?

이런 질문에 대해 현장에서 고민해온 과정을 소개하고자 한다.

2. 본론

2.1. 인공지능 시대의 문제해결 슈퍼바이저

문제 해결(problem solving)이라는 단어를 둘로 나누면 '문제'와 '해결'로 나뉜다. 그리고 인공지능은 이 중 해결(solving) 능력이 뛰어나지만 하지만 아직까지 스스로 문제를 발견하거나 정의하지는 못한다. 바둑 문제를 인공지능으로 해결하려고 했던 것도 사람이었고, 단백질 구조 예측 문제를 인공지능으로 해결하려고 했던 것도 사람이었다. 즉, 인공지능으로 문제를 해결하려면 먼저 사람이 문제를 발견하고 잘 정의해야 한다.

한편 인공지능으로 해결 가능한 문제라고 해서 그 문제를 해결해도 된다는 것은 아니며 사회적 영향과 윤리적인 측면 등 다양한 요소를 고려하여 해결해도 되는 문제인지 판단해야 한다. 또한 인공지능이 문제를 해결한 결과를 평가하기 위한 평가 기준을 세우고 인공지능을 활용할 때 특정 대상에게 불이익을 주거나 편향된 결과를 출력하지는 않는지 확인하는 등 인공지능에 대해 종합적으로 평가하는 것은 우리 사람이 해야 할 일이다.

즉, 인공지능 시대의 사람의 역할은 해결 능력이 뛰어난 인공지능을 활용해 해결할 문제를 발견하고, 문제를 정의하며, 평가하는 문제해결의 슈퍼바이저 역할이 될 것이다.

한편, 우리 학생들이 인공지능 교육을 받아야 하는 이유를 다음과 같이 3가지로 나누어 볼 수 있다.

첫 번째, 학교를 졸업하고 사회로의 진출을 대비하여 끝없이 발전하는 인공지능 기술에 대한 적응력을 높이기 위해 인공지능 교육을 받는다면 최신의 신기술을 활용해 문제를 해결하는 교육 활동을 설계해야 할 것이다.

두 번째, 인공지능 기술을 더욱 발전시켜나갈 연구자들을 키워내는 것이 목표라면 인공지능에 대한 기초 지식부터 심화된 이론과 인공지능에 관련된 수학을 가르쳐주어야 할 것이다.

세 번째, 다양한 영역에서 기존에 해결하지 못했던 새로운 문제 또는 기존의 방식으로 해결하기에 한계가 있던 문제들을 발견하여 인공지능을 활용하여 해결하고 이를 종합적인 관점에서 평가할 수 있는 문제해결의 슈퍼바이저를 키워내기 위한 교육이라면 그 출발은 데이터에서부터 시작해야 한다. 왜냐하면 인공지능이 해결할 수 있는 문제는 데이터에 있기 때문이다.

[그림 5-4] 문제해결에서 사람과 인공지능의 역할

물론 위의 3가지 모두 다 공교육에서 인공지능 교육이 필요한 이유이다. 하지만 공교육에서 인공지능 교육의 우선순위를 정한다면 인공지능을 활용해 스스로 문제를 해결하고 정의하고 평가할 수 있는 문제해결의 슈퍼바이저를 키워내기 위한 것이 최우선시 되어야 할 것이다.

2.2. 데이터 과학과 융합교육

데이터 과학은 다학제적인 특성을 지닌 분야로 일반적으로 컴퓨터 과학, 수학과 통계, 그리고 특정 분야에 대한 전문성, 즉 도메인 전문성으로 이루어진 다음과 같은 벤 다이어그램으로 표현할 수 있다.

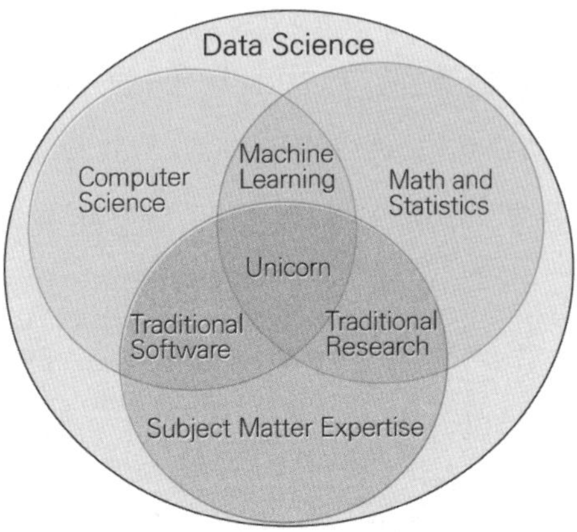

출처: http://www.anlytcs.com/2014/01/data-science-venn-diagram-v20.html

[그림 5-5] Data Science Venn Diagram v2.0

그런데 이런 데이터에 기반하여 복잡한 문제를 해결하는 데이터 과학의 다학제적 특성을 융합 교육이라는 측면에서 바라보면 흥미로운 지점을 발견할 수 있다.

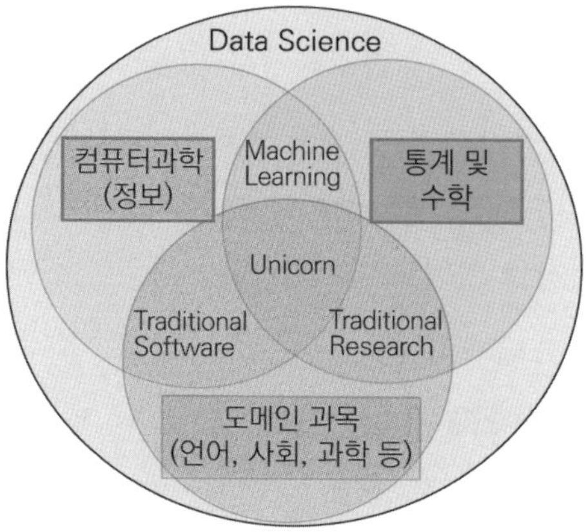

[그림 5-6] 데이터 과학 기반의 융합수업모델

데이터 과학의 영역을 학교에서 배우는 과목과 매칭해보면 컴퓨터 과학은 정보 과목에 해당하고 수학과 통계는 수학 과목에 해당한다. 그리고 도메인 전문성 부분은 데이터의 맥락을 다루는 다양한 교과에 해당하는데 대표적으로 교과서에 그래프나 표가 많이 나오는 사회, 과학부터 체육, 음악, 국어, 영어, 가정 등 다양한 교과들 역시 도메인 관련 과목[1)]이라 할 수 있다.

이 3가지 영역 중 가장 중심이 되는 영역은 도메인 관련 과목인데, 그 이유는 어떤 데이터에서 가치 있는 문제를 발견하고, 문제를 바르게 정의하고, 문제에 대한 솔루션이 타당한지 평가하기 위해서는 데

1) 여기에서는 교과라고 표현하였지만 안전 교육부터 다양한 비교과 활동에서도 데이터에 기반하여 함께 해결할 수 있는 다양한 문제를 찾아낼 수 있다.

이터의 맥락에 대한 이해가 반드시 필요하기 때문이다.

이렇게 다양한 교과 및 비교과 영역에 대한 데이터에 기반하여 교육 활동을 진행하면 맥락이 풍부하지 못한 교과서로는 하기 어려웠던 새로운 질문을 발견할 수 있다. 또한 데이터 기반의 문제를 해결하기 위해 다양한 교과와의 유기적인 연결을 통해 문제해결능력을 키워가는 것이 데이터 과학 기반 융합교육이 갖고 있는 가치라고 할 수 있다.

2.3. 데이터 과학 기반 융합교육 사례

지금부터는 지난 몇 년 동안 학교에서 진행했었던 몇 가지 데이터 과학 기반 융합 수업 사례에 대해 소개하고자 한다.

1) 데이터 기반 토론 수업 사례

첫 번째 사례는 데이터 기반 융합 토론 수업으로 한성과학고등학교에서 국어 선생님, 사회 선생님, 그리고 정보 선생님이 약 8개월에 걸쳐 함께 협력하여 설계하고 수업을 진행하였다. 이 수업은 데이터를 바탕으로 세상을 읽고, 데이터를 기반으로 토론을 진행하는데 주안을 두고 설계되었다.

수업은 코로나19의 첫해였던 2020년에 진행되었는데, 수업 설계에 있어서 가장 큰 이슈는 최종적으로 어떤 주제로 토론 수업을 할 것인가였다. 모든 선생님들이 실생활과 관련된 토론 주제를 선정하자는 것에는 이견이 없었지만, 주제를 선정하는 데는 몇 가지 고려사항이 있었다. 첫째는 학생들의 눈높이에 맞는 주제, 둘째는 찬성과 반대 의견이 균형있게 나타날 수 있는 주제, 셋째는 충분한 데이터를 구할 수 있는 주제였다. 이를 놓고 굉장히 긴 시간 동안 논의가 있었지만, 결론이 쉽게 나지 않아 데이터 관련 수업이 어느 정도 진행된 2학기 초에 학생들의 의견을 수렴하기로 하였다. 그 결과 '코로나19 재난지원금을 모두에게 동일하게 지급하는 것은 타당한가'라는 주제가 결정이 되었다.

지금 시점에서는 잘 기억이 나지 않을 수 있지만, 2020년 당시에는 재난지원금을 모두에게 동일하게 지급하는 것이 좋을지, 어려움을 더 많이 겪는 계층에 선별적으로 지급하는 것이 좋을지를 놓고 찬반 의견이 팽팽하였다.

홈 > 정치

2차 재난지원금 지급에 76% 찬성…'전국민' vs '선별' 팽팽

0 입력: 2

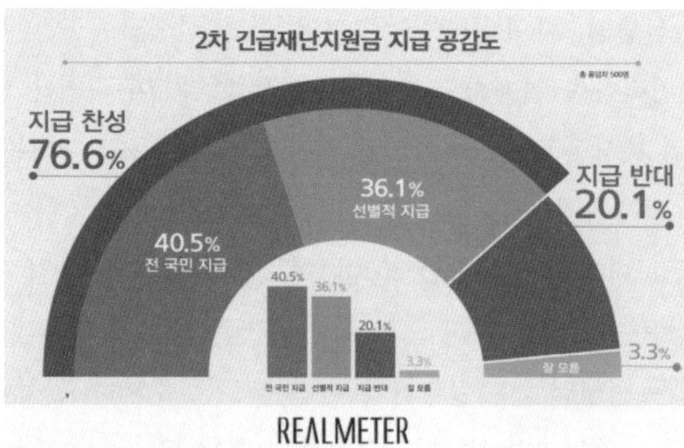

▲ 2차 긴급재난지원금 지급 찬반 여론조사.
리얼미터

출처: https://www.newdaily.co.kr/site/data/html/2020/08/26/2020082600117.html

[그림 5-7] 2차 긴급재난지원금 지급 공감도

실제 토론은 2학기 말에 해당하는 11월로 계획하고, 1학기부터는 다양한 배경 지식을 이해하고 데이터를 분석하는 방법을 배우는 시간이 국어, 사회, 정보 시간을 통해 각각 진행되었다. 하지만 거의 매주 진행된 교사들과 연구자와의 협의회를 통해 각 교과에서 배우는 내용이 전체적인 데이터 기반 토론 수업의 맥락에서 어떻게 적용되는 것이 적합한지에 대해 함께 소통하며 진행하였기 때문에 최종 토론에서는 모든 과목에서 배운 내용이 아름답게 융합되는 모습을 볼 수 있었다.

먼저 사회 교과에서는 고등학교 1학년 통합사회 과목의 '사회 정의와 불평등' 단원을 배우며 선별 지급, 보편 지급이라는 개념에 대한 내용부터 '정의'에 대한 다양한 정의 등 토론 주제를 둘러싼 배경 지식에 대해 내용적인 이해를 도왔다. 특히 교과서에 나오는 내용들을 당시 실제 생활이었던 코로나19로 인한 재난지원이라는 맥락과 연관시켜 배우고, 실제 데이터를 통해 사회 현상을 이해해보는 활동을 하였다.

그동안 국어 수업에서는 토론에서 누군가의 주장을 인용하거나, 뉴스나 논문 등에 제시된 이미 누군가에 의해 가공된 그래프 등을 활용하는 방식으로 진행이 되어왔다. 하지만 이번 수업에서는 학생들이 직접 신뢰할 수 있는 데이터인지를 확인하며 데이터를 찾아보고, 수집한 데이터를 직접 가공하여 자신들의 주장을 뒷받침할 수 있는 논거로 사용하도록 하였다.

마지막으로 정보 교과에서는 자료와 정보라는 단원의 내용인 데이터 수집, 전처리, 분석, 시각화 등 데이터를 다루는 방법을 데이터 분석가들이 많이 사용하는 텍스트 프로그래밍 언어인 파이썬을 기반으로 배우도록 하였다. 이를 통해 데이터를 가공하면 가치 있는 정보가 된다는 사실을 직접 경험해보고, 그 과정에서 필요한 데이터 분석 프로세스와 컴퓨팅 사고력을 키우도록 하였다.

데이터 기반 토론 수업의 과정에서 3가지 교과가 모두 중요했지만 특히 하나의 교과만 꼽으라면 배경지식을 다루었던 사회 교과를 꼽을 것이다. 사회 시간에 분배에 대한 내용을 배우면서 선별 지원과 보편 지원에 대한 이론적인 개념을 배웠던 것이 전체적인 토론의 핵심적인 뼈대를 세우는 데 매우 중요한 역할을 했기 때문이다. 이를 통해서 데이터 과학에서도 도메인 분야에 대한 전문성이 강조가 되는 것처럼

> "기존 토론에서는 '어떤 저명한 교수가 이렇게 말했다'는 것을 근거로 쓸 수 있었지만 이번 수업에서는 주관적인 의견이 아니라 객관적 자료들로만 토론을 하는 것이기 때문에 자료를 찾는 데 어려움이 있었지만 더 발전할 수 있었던 것 같습니다."
>
> "뉴스기사에 데이터가 나오긴 하는데 정확한 내용이 나오지는 않잖아요. 그런 걸 보면서 원 데이터를 찾아서 검증해보면서 많이 배웠어요. 소득역전 데이터가 언급된 기사를 보고 구글링해서 출처를 찾았어요."
>
> "뉴스에 보면 자기가 필요한 데이터를 골라서 유리한 쪽으로 해석하잖아요. 그런데 출처를 따라가서 데이터를 보면 숫자들밖에 없는데 숫자들 중에서 뉴스가 선택한 것 말고 우리가 필요한 부분을 선택해보면서 많이 배웠어요."
>
> "데이터가 이것저것 많은데 그중에서 어떤 부분을 가지고 와서 주장을 뒷받침하는 데 사용할 것인가를 생각하는 것이 도움이 된 것 같아요."
>
> "기존에 정리되어 있는 데이터로 하는 토론이 아니라 저희가 필요한 자료를 찾고 분석하고 어떤 방식으로 의견을 펼쳐 나갈지 정하는 과정에서 도움이 되었고 데이터 분석하면서 코딩 역량을 향상시킬 수 있었습니다."
>
> "분석을 하는 데서 끝이 난 게 아니고 제 의견을 뒷받침하는 근거로 가공을 한다든지 데이터에 대해 해석을 해야 한다든지 하는 차이가 있었어요."

데이터 기반 토론 수업에 참여한 학생들의 소감

데이터 기반 교육에서도 데이터의 맥락에 대한 이해를 얼마나 충실하게 다루는지가 전체 수업의 성패를 결정할 수 있다는 생각을 하게 되었다.

2학기가 되어 배경에 대한 이해와 데이터 분석에 대한 이해를 마친 학생들은 각 반에서 찬성 10명, 반대 10명의 두 팀으로 구성하여 토론을 준비하고 CEDA 토론 형식을 일부 변형한 형태로 토론을 진행하였다.

이 수업을 통해 학생들은 데이터에 기반하여 자신의 의견을 뒷받침하는 방법 그리고 상대의 주장을 반박하는 방법을 배웠다.

2) 머신러닝 융합 수업 사례

두 번째 사례는 일반고등학교인 서울고등학교에서 머신러닝을 활용하여 실생활의 문제를 해결하는 수업으로 수학 선생님과 함께 융합 수업으로 진행하였다.

이번 수업의 주제는 환경이라는 중요한 주제를 맥락으로 과거와 현재의 기온을 바탕으로 미래의 기온을 예측하는 것이다.

데이터에서 패턴 발견하기

이 수업을 이끄는 핵심 질문은 '2050년에 우리 지역의 기온이 얼마나 오를까?'라는 질문이었다. 이 질문을 해결하기 위해 수업에서 사용할 데이터는 기상자료개방포털이라는 기상청에서 운영하는 사이트에서 수집을 하였다.

기상자료개방포털에는 온도뿐 아니라 강수량 등 다양한 기상 관련 데이터가 공개되어 있는데 온도 데이터의 경우 각 지역별로 일, 월,

연간 데이터가 무료로 제공된다.

많은 데이터가 있지만 기온 데이터로 머신러닝 수업을 처음 시작하는 것은 다음과 같은 이유 때문이다.

① 데이터에 대한 맥락을 다양한 수업과 매체를 통해 학생들이 알고 있는 데이터다.

② 데이터를 시각화하였을 때 그 패턴을 직관적으로 파악할 수 있다.

③ 데이터의 패턴이 직선 형태이기 때문에 가장 심플하게 모델을 생각할 수 있다.

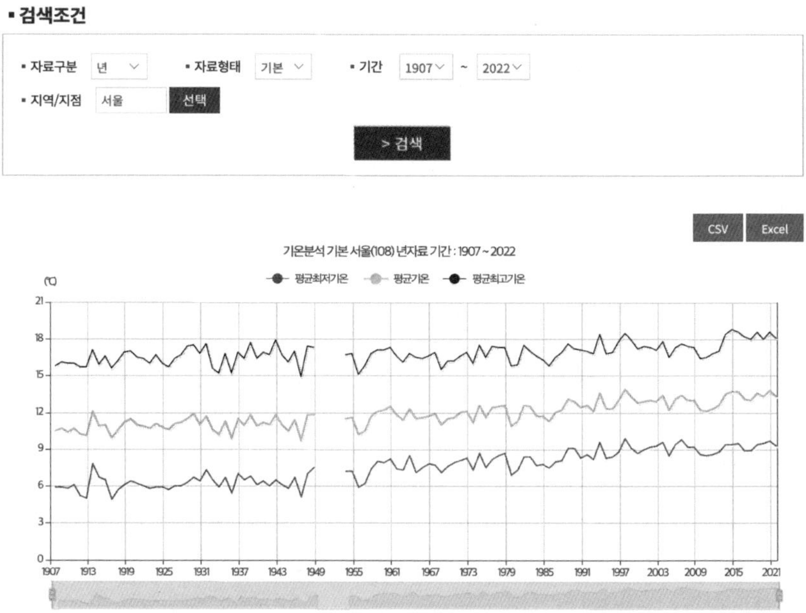

출처: https://data.kma.go.kr/stcs/grnd/grndTaList.do?pgmNo=70

[그림 5-8] 서울의 지난 110여 년간의 연평균 기온 변화 추이 그래프

학생들에게 수업시간에 위 그래프를 보여주면서 현재 그래프가

1908년부터 2022년까지의 그래프인데 2050년, 그러니까 약 30년 후라면 기온이 어떻게 변할 것 같냐고 질문을 하면, 학생들은 어렵지 않게 자신들이 생각하는 예측값을 대답한다. 이 그래프에는 직관적인 패턴이 우상향하기 때문에 이 그래프를 보면서 어떤 직선을 마음속으로 그리게 되고, 그 직선을 따라서 대략 30년 후 시점의 평균 기온을 예측할 수 있기 때문이다.

그리고 이와 같이 데이터에서 발견한 패턴을 일반화시켜서 새로운 데이터가 입력되었을 때 예측을 하는 것이 머신러닝의 문제해결방법이라는 것을 알려준다.

위에서 언급하였듯이 학생들에게 인공지능으로 문제를 해결하는 방법을 가르침에 있어서 데이터의 패턴을 직관적으로 이해할 수 있는 단계에서부터 머신러닝을 시작하는 것이 학생들에게 인공지능 기반의 문제해결능력을 키워주는 데 도움이 되기 때문이다.

이렇게 직관적으로 데이터의 패턴과 머신러닝의 기본적인 흐름을 이해한 후 선형 회귀 모델의 수학적 원리는 수학 선생님과 함께 배우도록 하였다. 고등학교 1학년 과정에서 학생들은 직선의 방정식을 배운다. 직선의 방정식은 $y=ax+b$로 표현할 수 있는데, 주어진 데이터가 직선 형태의 패턴을 갖고 있을 때 데이터의 패턴을 일반화한 직선을 찾는 과정은 모든 데이터와 직선 사이의 거리를 최소로 하는 기울기 a와 y절편 b를 찾는 것임을 수학 선생님과 함께 배운다.

그리고 파이썬의 머신러닝 라이브러리인 scikit-learn을 활용하여 선형 회귀 모델을 찾으면 다음과 같은 결과를 확인할 수 있다. 실제로 코드를 실행해보면 연평균 기온을 기준으로 2050년에는 약 13.8도가 될 것이라는 예측값이 나온다.

하지만 그래프를 잘 살펴보면 이미 최근 2~30년 사이 13.5도 이상의 연평균 기온을 자주 볼 수 있다. 그리고 학생들에게 지금의 이 직선으로 2050년의 기온을 예측하는 것이 타당한지에 대해 한 번 더 질문한다. 학생들은 타당하지 않아 보이며 110여 년 전보다 이미 기온 상승이 빠르게 진행되고 있는데 과거의 데이터까지 포함하여 패턴을 찾은 것이 문제가 아니냐는 비판적 생각에 도달하게 된다.

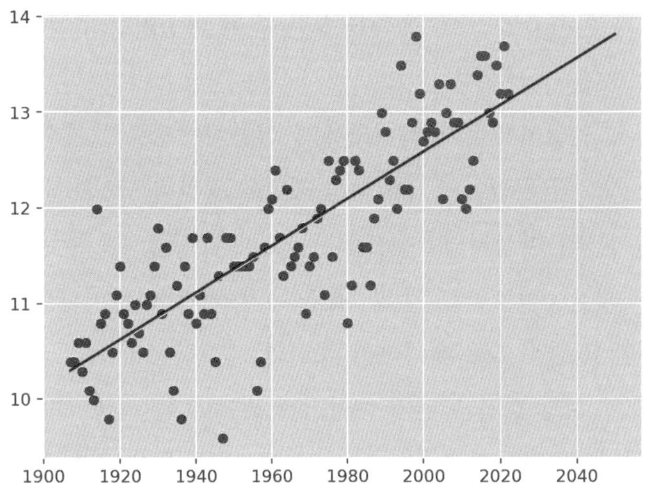

[그림 5-9] 기상청 데이터를 활용한 연평균 기온 선형 회귀 모형

그리고 이번에는 최근 50년과 그 이전으로 데이터를 두 그룹으로 나누어 각각의 데이터에 대한 선형 회귀 모델을 찾도록 한다. 그러면 다음과 같은 그래프를 얻을 수 있는데, 이 그래프를 해석해보면 지난 50년의 기온 변화가 그 이전의 기온 변화보다 더 가파르다는 사실을 알 수 있다.

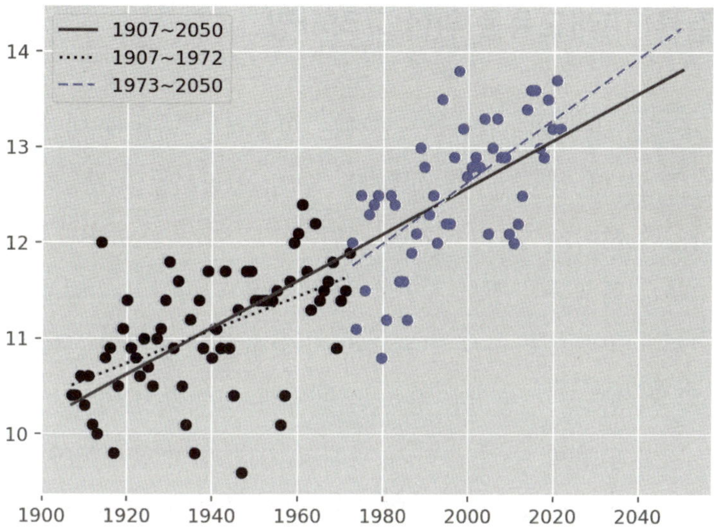

[그림 5-10] 최근 50년과 그 이전 기온 데이터

이런 과정을 통해 문제를 어떻게 정의하느냐에 따라 답이 달라질 뿐 아니라 머신러닝이 만든 결과라고 해서 무조건 맹신하지 말고 문제해결의 전체적인 과정에서 비판적으로 생각할 수 있어야 한다는 메시지를 전한다.

기온 예측 수업 이후에는 생활 속 데이터인 서울 모기 지수 데이터나 육군의 신체검사 데이터 등 다양한 데이터로 선형 회귀 모델을 만들어보는 활동을 실시하였는데 이 과정에서 학생들은 무엇보다 문제를 잘 발견할 수 있는 안목과 문제를 잘 정의하고 평가할 수 있는 도메인 지식의 중요성을 깨닫게 되었다.

3. 결론: 미래교육을 위한 고려사항

인공지능 교육의 스펙트럼 안에는 인공지능 내용에 대한 이해를 돕는 수업부터 인공지능을 개발하는 수업, 인공지능을 활용하는 수업 등 다양한 분야가 있다. 하지만 개인적으로 가장 중요하다고 생각하는 부분은 학생들이 정보 시간을 통해 배운 데이터와 인공지능에 대한 이해를 바탕으로 다른 과목 수업시간에 다른 분야의 문제를 해결하는 프로젝트형 인공지능 융합 수업이다. 그리고 이런 데이터/인공지능 기반의 융합 수업을 하기 위해서 가장 먼저 준비해야 할 것은 바로 인공지능을 활용해 문제를 해결하실 수 있는 선생님들과 그런 수업을 뒷받침할 수 있는 양질의 데이터이다.

3.1. 코드와 데이터를 배우며 융합 수업을 실천하는 선생님들

먼저 학생들이 다양한 분야의 문제를 데이터/인공지능을 활용하여 해결할 수 있으려면 정보 수업에서만 문제를 해결해서는 안 되고 다양한 도메인 교과와의 융합이 필수적이다. 그리고 그러기 위해서는 정보 선생님 한 분의 주도가 아닌 다양한 교과의 선생님들과 긴밀한 소통과 협력을 해야 한다. 아울러 꼭 권하고 싶은 것은 이러한 형태의 수업에 관심이 있는 선생님들이라면 학생들이 배우고 있는 기본적인 프로그래밍 언어와 데이터로 문제를 해결한다는 의미에 대해 선생님들이 배우시는 것이다. 그래야 학생들이 해당 교과와 관련된 문제를 발견하고, 정의하고, 해결하고, 평가하는 가운데 깊은 피드백을 제공해주어 학생들이 성장할 수 있도록 지원해줄 수 있기 때문이다.

3.2. 인공지능 기반 수업을 할 수 있는 양질의 수업용 데이터셋

코드와 데이터를 이해할 수 있는 역량을 갖춘 선생님들이 있더라도 여전히 큰 장애물이 있는데, 그것이 바로 수업용 데이터셋의 부재다. 정부 또는 민간 영역에서는 데이터를 중요한 자원으로 보고 양질의 데이터셋을 만드는 데 많은 노력을 쏟고 있다. 하지만 아직 공교육에서는 수업의 재료가 되는 데이터보다 수업의 도구가 되는 인공지능에 더 많은 관심을 갖고 있다. 하지만 모두가 알고 있듯이 좋은 인공지능을 만들기 위해서는 좋은 데이터가 필요한데 현재는 수업 목적의 데이터가 연구되는 경우를 찾아보기 어렵다. 하지만 흥미롭고 현실감 넘치는 좋은 데이터로 문제를 해결해본 경험이 우리 학생들에게 제공된다면 자연스럽게 문제해결능력의 향상으로 이어질 것이다.

4. 질의응답

질문	데이터 기반으로 수업을 하려면 학생 대상으로 수학과 통계에 대한 이해를 돕기 위한 교육도 같이 이루어져야 한다고 여겨집니다. 관련 선행지식이 없다면 수업에 흥미보다는 부담을 느낄 듯한데 이와 관련한 어려움과 해결방안 사례가 궁금합니다.
대답	물론 수학과 통계에 대한 높은 이해가 있으면 그동안 보이지 않았던 데이터 안에 숨겨진 새로운 사실을 볼 수 있습니다. 하지만 현재까지 중학교 수준에서 배우는 수학과 통계만으로도 해결할 수 있는 문제들이 있고, 또 고등학교 1학년에 올라와서 배운 수학적 개념을 바탕으로 해결할 수 있는 문제들이 있습니다. 중요한 것은 학생들의 수준에 맞는 적절한 문제 상황을 제시하는 것과 그러한 문제에 대한 교육용 데이터셋이 얼마나 풍부하게 준비되어 있는가라고 생각합니다. 특히, 교육용 데이터셋은 교과별, 학교급별로 다양하게 연구되어야 하며, 이에 많은 예산이 투입되어야 한다고 생각합니다.

질문	교사들의 데이터 역량 또는 데이터 리터러시는 앞으로 더욱 중요해질 것으로 예상됩니다. 이러한 교사의 역량을 신장시키기 위해서 국가적으로 혹은 교사 개인이 실천할 방법은 무엇이 있을까요?
대답	다양한 접근이 있을 수 있지만 데이터 리터러시를 키우고자 하는 선생님들이라면 텍스트 프로그래밍 언어를 배우고, 직접 전문가들이 사용하는 방법으로 데이터 문제를 해결해보는 것이 중요하다고 생각합니다. 이를 통해 데이터로 문제를 해결하는 방법뿐 아니라, 현업에 있는 전문가들과도 소통할 수 있는 기본 지식을 쌓을 수 있어서 자신의 전공 분야에서 데이터와 인공지능으로 어떤 문제를 해결하기 적합한지 그렇지 않은지를 판단할 수 있게 되기 때문입니다. 일각에서 생성형 AI의 출현으로 프로그래밍이 필요 없다고 말하는 분들도 계시지만, 여전히 컴퓨터가 문제를 어떻게 해결하는지를 이해하는 것은 중요하다는 점과 코드와 데이터를 잘 이해하는 사람이 생성형 AI를 썼을 때 그 효과가 가장 강력해진다는 것을 말씀드리고 싶습니다.
질문	데이터 기반으로 업을 하기 위해서 학생들에게 데이터 분석 도구나 코딩 도구의 활용이 요구됩니다. 이러한 도구의 활용에 어려움을 느끼는 학생들을 위해서 어떠한 도구를 적용하는 것이 좋을까요? 그리고 어떻게 그 어려움을 예방할 수 있을까요?
대답	데이터 기반으로 업을 하려는 학생들이라면 시간이 조금 오래 걸리고, 그 과정에서 어려움을 느끼더라도 전문가들이 사용하는 파이썬, R과 같은 도구를 자유롭게 쓸 수 있어야 한다고 생각합니다. 그리고 기본적인 내용을 익히고 나면 ChatGPT와 같은 생성형 AI 도구의 도움을 받아 문제를 해결할 수 있을 것입니다.

참고문헌

송유경, 송석리, 김예지, 임철일 (2021). 데이터 리터러시 향상을 위한 데이터 기반 토론 수업 모형 및 교수전략 개발 연구. 교육공학연구, 37(4), 943-982.

PART 3

생성형 인공지능과 교육적 활용

CHAPTER 06

AI, ChatGPT와 에듀테크

박전규((주)튜터러스랩스 대표, 서울대학교 교육종합연구원 객원연구원)

1. 시작하며

인공지능 기술의 발전은 우리 미래 사회에 새로운 가능성을 제시하고 있으며, 그 적용 분야 중 하나로 에듀테크(EdTech) 분야가 큰 주목을 받고 있다. 에듀테크는 교육과 기술을 융합하여 학습과 교육 과정을 혁신하는 새로운 방법을 모색하는 분야로, 학생들의 학습 경험을 향상시키고 교육의 폭넓은 접근성을 촉진하는 데에 중요한 역할을 수행하고 있다. 이러한 에듀테크 분야에서 가장 혁신적인 기술 중 하나가 인공지능이다. 인공지능은 대규모 학습데이터 대상의 기계학습과 학습된 모델에 기반하는 추론능력을 근간으로 자연어처리 기술을 활용하여 데이터를 분석하고, 이미지, 영상, 음성 등의 패턴을 식별하며, 아직 완전하지는 않으나 수학, 영어, 과학 등의 문제를 해결하는 능력을 가지고 있다. 특히, 최근 개발된 ChatGPT는 OpenAI의 언어모델을 기반으로 한 인공지능 기술로서 아직 풀리지 않고 있는 고유한 과제들이 있으나, 인간과 자연스러운 대화를 수행할 수 있으며, 광범

위한 지식 범위를 통해 다양한 주제에 대해 답변을 제공하고 있다.

본고에서는 인공지능과 ChatGPT가 에듀테크 분야에서 어떻게 활용되고 있는지, 그리고 그것이 어떻게 교육에 기여할 수 있는지를 다루고자 한다. 주요 내용으로서는 먼저 인공지능의 역사와 생성형 AI의 일반적인 기술현황에 대해 살펴보고, 다음 인공지능과 ChatGPT가 교육 기술 혁신에 어떤 영향을 미치고 있는지에 대해 조망하며, 해당 기술들이 가져오는 잠재적 이점과 함께 주의해야 할 사항들에 대해 논의할 예정이다. 마지막으로 인공지능과 ChatGPT를 활용한 에듀테크의 발전 가능성과 한계를 기술하고, 미래 교육 현장에서 이러한 기술들이 차지할 중요한 위치에 대해 생각해볼 것이다.

2. 인공지능 및 생성형 AI

2.1. 인공지능

1950년 영국의 젊은 천재 과학자 앨런 튜링은 그의 논문 "Computing Machinery and Intelligence"에서 지능형 기계를 구축하고 지능을 테스트하는 방법에 대한 논리적 프레임워크를 최초로 제시했다. 이것이 20세기 중반부터 현재까지 인공지능의 인간 수준의 지능을 평가하는 기준으로 사용되는 튜링테스트이다. 그 후 1956년에 존 매카시와 마빈 민스키 등이 주최한 학술회의인 다트머스 컨퍼런스에서 처음으로 인공지능이라는 용어가 정의되기에 이르렀다. 이러한 인공지능은 컴퓨터의 정보저장 및 계산능력 부족, 알고리즘 한계 등으로 인해 몇 차례 침체기를 겪었지만 1990년대 이후 다양하고 획기적인 이정표가 달성되기도 했다. 〈표 6-1〉은 인공지능의 역사를 주요 이벤트 위주로 간략하게 정리하고 있다.

〈표 6-1〉 인공지능의 역사

년도	주요 이벤트	내용(주요 인물)
1950	튜링테스트	컴퓨터에 실제 지능이 있는지를 확인하기 위해 지능을 테스트하는 방법을 개발 (Alan Turing)
1952	최초의 학습 프로그램	Checker: IBM 컴퓨터상에서 게임을 할수록 성능이 개선되도록 개발 (Arthur Samuel)
1956	인공지능	다트머스 컨퍼런스에서 인공지능이라는 용어를 처음으로 사용 (John McCarthy)
1957	퍼셉트론	두뇌 사고과정을 시뮬레이션하는 최초의 신경망 설계 (Frank Rosenblatt)
1967	최단경로를 탐색하는 최적화 알고리즘	순회세일즈맨문제(Traveling Salesman Problem)를 통해 컴퓨터가 매우 기본적인 패턴 인식을 시작
1979	Stanford CART	방에 있는 장애물을 스스로 회피하며 내비게이션하는 자율 주행 개념의 기술 개발
1981	설명 기반 학습	훈련 데이터를 분석하고 일반적 규칙을 만드는 설명 기반 학습을 도입 (Gerald Dejong)
1985	NetTalk	아기와 같은 방식으로 단어 발음 학습 (Terry Sejnowski)
1990	데이터 기반 접근법으로의 전이	기존 지식 기반 방법론에서 대규모 데이터를 분석하고 결론을 도출하고 결과로부터 배울 수 있는 프로그램 개발
1997	Deep Blue	IBM이 체스게임 세계 챔피언에 승리
2006	딥러닝 개념 도입	영상 내 객체와 텍스트를 인식하는 딥러닝 개념을 도입 (Geoffrey Hinton)
2010	Kaggle competition	기계학습 경쟁 플랫폼 웹사이트 론칭
2010	Microsoft Kinect	초당 30회 속도로 20가지 인간 특징 추적, 동작/제스처를 통해 사용자 인터페이스를 구현

년도	주요 이벤트	내용(주요 인물)
2011	Deep QA	IBM Watson이 Jeopardy 퀴즈 쇼에서 인간에 승리
2012	Google Brain	유튜브에서 고양이 얼굴을 스스로 학습하는 딥러닝 알고리즘 개발
2014	DeepFace	Facebook의 딥러닝 알고리즘이 인간의 얼굴 인식 능력 추월
2015	ImageNet Challenge	130만 개 이미지를 1천 개 범주로 분류하는 문제에서 인간능력을 추월 (AI 95.06%, 인간 94.9%)
2016	AlphaGo	Google DeepMind가 인간 프로 바둑기사에 승리
2016	EXO-Brain	ETRI 엑소브레인, 장학퀴즈 왕중왕전 우승
2017	Switchboard	전화 대화 과제에서 인간의 음성인식 능력 추월 (AI 94.5%, 인간 94.1%)
2019	AlphaStar	스타크래프트2 게임서버 배틀넷에서 상위 0.2% 이내 달성
2019	GLUE, SQUAD Challenge	문법, 문장유사성, 독해 등 자연어처리 문제풀이 셋에 대해 인간 전문가 능력 추월

인공지능 기술의 진화에 따라 언제 인공지능이 특이점(singularity)에 도달할 수 있을 것인가에 대한 논의도 활발하다. 그중 대표적인 사례가 옥스퍼드대와 예일대의 공동연구진이 발표한 논문이다. 이 논문은 NeurIPS, ICML과 같은 최상위 인공지능 학술대회에 논문을 발표한 352명의 연구자들을 대상으로 한 설문조사의 결과를 정리하고 있는데, 조사 시점을 기준으로 약 120년 내에 인공지능이 모든 인간 직업을 수행할 수 있을 것으로 보았으며, 약 45년 내에 모든 인간의 업무를 인간보다 우수하게 수행 가능한 고차 인공지능이 개발될 것으로 예측하고 있다. 교육 영역 관련의 흥미로운 사례로는 "고등학교

역사 수업에서 높은 점수를 받고 표절 탐지기를 통과할 수 있는 수준의 에세이 작성"이 42년 내에 가능하며, 최상위 수준의 수학 논문지에 게재 가능한 수학적 정리(theorem)를 일상적, 자율적으로 증명할 수 있는 수준까지 31년이 걸릴 것으로 예측되고 있다.

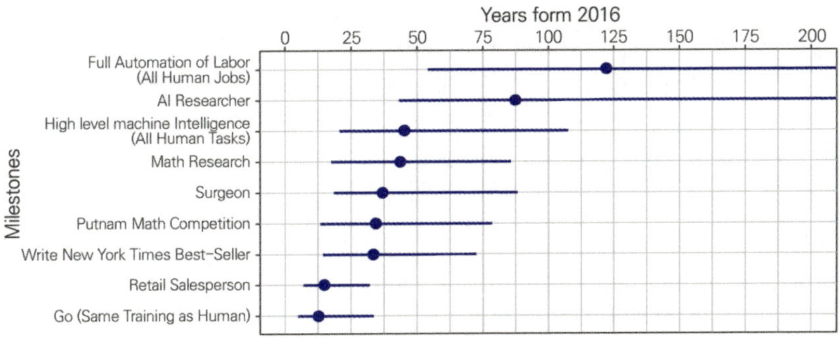

[그림 6-1] 옥스퍼드대와 예일대 연구진에 의한 인공지능 특이점 예측 결과

2.2. 생성형 AI

생성형 AI는 데이터를 생성하거나 변환하는 능력을 갖춘 인공지능의 한 분야이다. 인공지능의 성공은 대규모 데이터가 활용 가능한 영역에 집중되어 있는데, 이러한 학습데이터 확보에는 많은 시간과 비용이 든다. 이러한 학습데이터의 필요에 부응하여 생성형 AI가 발전되어 왔다고 해도 과언이 아니다. 생성형 AI 알고리즘은 자연어, 이미지, 음성 등 다양한 유형의 데이터를 생성하거나 특정 도메인으로 변환하는 기능을 가지고 있다. 대표적인 생성형 AI로서는 〈표 6-2〉와 같이 간단한 형태의 이미지를 생성할 수 있는 오토인코더(Autoencoder), 다양한 스타일과 속성까지 반영하여 영상 및 음성 생성이

가능한 생성형 적대적 신경망(Generative Adversarial Networks), 언어모델인 GPT(Generative Pre-trained Transformer) 등이 있다.

〈표 6-2〉 생성형 AI 모델 및 알고리즘

구분	내용	비고
오토인코더	• 비지도학습 기반의 신경망 모델 • 입력데이터를 압축하여 잠재공간에 표현한 뒤, 다시 원본데이터로 재구성하는 방식으로 작동 • 예시) 정면 얼굴로부터 각도, 조도, 거리 등에 변화를 주어 생성	• 1980년대 초 개발 • 간단한 형태의 생성 모델로 활용
생성형 적대적 신경망	• 생성자와 판별자 두 개의 신경망을 경쟁시키는 구조로 작동 • 생성자는 실제와 유사한 가짜 데이터 생성, 판별자는 실제와 생성 데이터를 구분 • 예시) 갈색말과 얼룩말 간 변환([그림 2-2] 참조)	• 2014년 개발 • 경쟁학습을 통해 보다 현실적인 데이터 생성
GPT	• 트랜스포머 기반 대화형 AI, 자연어 처리 작업에 뛰어나고, 자연스런 대화 수행 • 대규모 텍스트, 이미지 데이터를 사전학습한 뒤, 특정 작업에 맞게 파인튜닝하는 방식으로 작동 • 예시) 에세이, 독후감, 자연스러운 대화문, 시험문제 등 생성	• 2018년 개발 • 사람 또는 그 이상의 자연스런 대화 및 자연어 생성

[그림 6-2] 실제 예를 학습하고 공통점을 추론하여, 매우 정교하게 이미지 간 스타일 변환이 가능한 CycleGAN의 사례

한편 사전학습에 기반하는 생성형 AI 모델은 비단 GPT와 같은 언어모델뿐 아니라 〈표 6-3〉에서와 같이 시각, 음성을 위한 모델도 개발되고 있다. [그림 6-3]은 텍스트-to-이미지 생성을 예시하고 있는데, 주어진 임의의 텍스트에 대해 개념, 속성, 스타일까지 지정하여 독창적이고 사실적인 이미지와 예술작품까지 만들 수 있는 수준에 이르고 있다.

〈표 6-3〉 멀티모달 생성형 AI 및 관련 서비스

구분	명칭	기업명	내용
언어모델	LaMDA	Google	대화형 언어모델
	GPT-4	OpenAI	멀티모달 기반의 대화형 언어모델
	OPT	Meta	모델 구축 및 훈련 방법 상세 공개
	BLOOM	BigScience	다운로드 및 연구용 활용 가능
언어모델 기반 생성AI 서비스	ChatGPT	OpenAI	GPT-3을 개선한 InstructGPT 기반
	BARD	Google	챗봇 서비스
	ErnieBot	Baidu	챗봇 서비스
이미지모델	Imagen	Google	T5 언어모델 기반
	DALL-E 2	OpenAI	CLIP 알고리즘 기반
	Stable Diffusion	Stability AI	Latent Diffusion Model 기반
이미지/영상 생성AI 서비스	Midjourney	Midjourney	텍스트-to-이미지 생성
	DreamStudio	Stability AI	텍스트-to-이미지 생성
	Jasper	Jasper	텍스트-to-이미지 생성
	ERNIE-ViLG	Baidu	텍스트-to-이미지 생성
	Make A Video	Meta	텍스트-to-영상 생성
	Phenaki	Google	텍스트-to-영상 생성
	Gen-1	Runway	텍스트-to-영상 및 영상-to-영상 생성
음성모델	VALL-E	Microsoft	텍스트-to-음성 생성

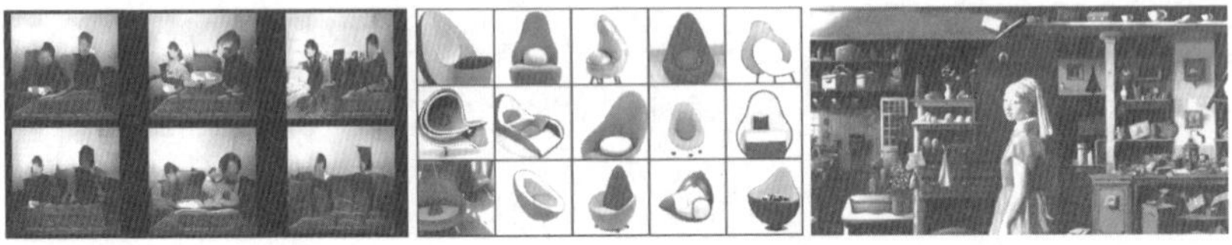

[그림 6-3] 생성형 AI 기반의 이미지 생성 예시
(왼쪽부터 Allen AI, OpenAI DALL-E, OpenAI DALL-E 2)

2.3. ChatGPT 및 역사

GPT는 OpenAI에서 개발한 인공지능 언어 모델이며, ChatGPT는 GPT-3.5 버전을 기반으로 한 문자 대화형 인공지능이다. ChatGPT는 이전 버전 대비 문맥과 배경을 더 잘 이해하여 자연스럽고 복잡한 소통이 가능해졌다. 이 모델은 추상적인 질문도 처리하며 학교 선생님에게보다 부담 없는 질문이 가능하고, 검색 결과를 대화 형식으로 빠르게 얻을 수 있으며, 자연스러운 문장으로 요약하여 설명하는 능력을 가지고 있어 때때로 마치 인간과 대화하는 것과 같은 느낌을 준다. ChatGPT는 소설 독후감 작성이나 프로그램 개발 등 다양한 역할을 수행할 수 있다. 〈표 6-4〉는 ChatGPT의 개발 과정을 정리한 것으로, GPT 시리즈의 각 모델은 이전 모델보다 혁신적인 발전을 이루어내며 자연어 처리 분야를 포함한 인공지능 전반에 큰 영향을 미치고 있는 것이다. 앞으로 더 발전된 GPT 모델들의 등장을 기대할 수 있다.

〈표 6-4〉 ChatGPT의 개발 역사

버전	파라미터	특징	발표	구글의 대응모델
1	1.1B	• 학습: BookCorpus 4.6GByte. 1.3B token • 알고리즘: task-specific fine tuning을 제공	2018. 6.	BERT
2	15B	• 학습: WebText: 40GByte, 15B token • 알고리즘: zero-shot task learning을 제공	2019. 2.	-
3	175B	• 학습: Common Crawl, WebText2, Books1, Books2, Wikipedia 753GByte, 499B token • 알고리즘: few-shot learning을 제공	2020. 6.	T5, MUM
3.5	175B	• 학습: Instruct GPT • 알고리즘: RLHF(reinforcement learning from human feedback)	2022. 1.	PaLM, LaMDA
4	미공개	• 학습 및 알고리즘 미공개 • 답변의 정확성, 안전성을 대폭 개선하고, 텍스트뿐 아니라 이미지 입력도 제공	2023. 3.	BARD

ChatGPT의 논리적 사고 체계는 사고사슬(chain-of-thought) 개념과 연관시켜 설명할 수 있으며, 상식을 기반으로 문맥과 배경을 이해하여 설명할 정도의 능력을 갖추고 있다. 결국 ChatGPT는 논리적 사고와 상식 기반 사고를 결합하여 다양한 주제에 대한 설명을 제공할 수 있는 능력을 가지고 있다고도 하겠다. 〈표 6−5〉는 그 일례로서 "왜 비가 오는지 설명해주세요"라는 질문에 대해 응대한 경우를 정리하고 있다. [그림 6−4]는 다른 예로서 왼쪽 그림과 같이 초등학교 서술형 수학 문제를 풀도록 사고사슬 프롬프트를 구성하여 거대언어모델을 학습하면, 이를 일반화하여 다양한 산술, 상식, 상징적 추론 작업에서 거대언어모델의 성능을 개선시킬 수 있음을 보여주는 논문에 제시된 것이다. 이때 질의문에 포함된 "Each can has 3 tennis balls."를

삭제하고 ChatGPT에게 질의하면, ChatGPT는 정확한 문제 풀이를 위해 최초에 상식에 해당하는 "Each can of tennis balls typically contains 3 balls,"를 추론의 일차 근거로 제시하며 답을 도출하고 있다.

〈표 6-5〉 논리적 사고 체계와 상식을 결합한 ChatGPT의 반응 사례

구분	결과
논리적 사고 체계를 통한 설명	비가 오는 이유는 수증기가 대기 중에서 응축되어 물방울이 형성되어 지면으로 내리기 때문입니다. 수평 바람에 의해 수증기가 차가운 공기와 만나면 수증기가 응결하여 작은 물방울이 형성됩니다. 이 물방울들이 모여서 구름을 형성하고, 더 많은 수증기가 응결되면 구름 내부의 물방울이 커져서 중력에 의해 지면으로 떨어지게 됩니다. 이 과정이 바로 비가 오는 원리입니다.
상식 기반 설명	비가 오는 현상은 지구의 수질과 기후에 관한 상식을 기반으로 설명할 수 있습니다. 물은 수면에서 수증기가 되어 대기 중으로 상승하고, 공기가 차갑고 수증기 함유량이 높은 구름으로 만나게 됩니다. 이러한 환경에서 수증기는 응결되어 물방울이 형성되고, 충분히 커지면 중력에 의해 지면으로 떨어집니다. 이것이 비가 오는 원리입니다. 이러한 현상은 지구의 생태계와 기후 패턴을 이해하는 데 필요한 상식적인 지식을 활용하여 설명할 수 있습니다.

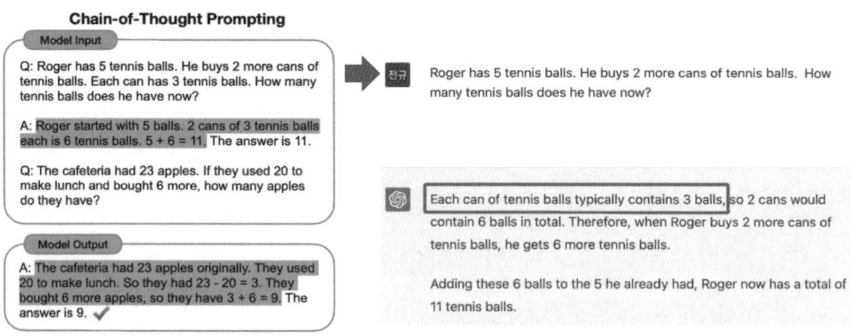

[그림 6-4] 논리적 사고 체계와 상식에 근거한 ChatGPT의 문제 풀이 능력 예시

잘 알려져 있듯이 ChatGPT의 능력을 최대한 끌어내기 위한 방법은 무엇보다 프롬프트 공학(prompt engineering)을 들 수 있다. OpenAI 헬프센터에 정리되어 있는 프롬프트 공학의 주요 골자는 다음과 같다.

(1) 최신 모델을 사용하자.
(2) 프롬프트 시작 부분에 명령을 입력하고 ### 또는 """를 사용하여 명령과 컨텍스트를 구분하자.
(3) 원하는 문맥, 결과, 길이, 형식, 스타일 등에 대해 가능한 한 구체적, 설명적으로 상세하게 작성하자.
(4) 예제를 통해 원하는 출력 형식을 표현하자.
(5) 제로샷으로 시작한 다음 퓨샷(예)을 적용하며, 둘 다 작동하지 않는다면 파인튜닝하자.
(6) 모호하고 불명확한 설명을 줄이자.
(7) 하지 말라고 하지 말고, 해야 할 것을 말하자.
(8) 코드 생성 관련 "리딩 어휘"를 사용하여 특정 패턴이 나오도록 유도하자.

ChatGPT는 매우 초보적이거나 초기적인 질문부터 난이도 높은 전문 분야에 대한 질문에 이르기까지 적절한 응답을 제시하고 있다. 하지만 결국 무엇을 어떻게 질문하면 보다 양질의 답을 얻을 수 있는가에 대한 공학적인 방법론은 반드시 있어야 하겠다. OpenAI가 정리한 내용과 다양한 문헌을 바탕으로 좀 더 효과적으로 ChatGPT를 활용하기 위한 방법론을 세 가지 정도로 요약하자면 다음과 같다.

1. 명확하고 구체적인 질문과 지시
    - 명확하고 구체적인 질문이나 지시를 받을 때 더 나은 결과를 제공한다.
    - 주제를 명확하게 지정하고 원하는 정보의 범위를 구체화한다.
    - 예시) 원문에 대해 수정 문장으로 질의
        - 원문: 19세기 유럽의 주요 역사적 사건에 대해 설명해주세요.
        - 수정: 1815년 워털루 전투와 그 영향에 대해 설명해주세요.
2. 정보 검증과 비판적 사고
    - 자동 생성된 답변이므로 항상 정보의 정확성과 신뢰성을 확인해야 한다.
    - 정보를 검증하고 다른 출처와 비교하며 비판적 사고를 유도하는 방법이 중요하다.
    - 예시) 오류 질문에 대해 오류 답변을 제시
        - 질의: 워털루 전투와 동학혁명이 같은 해에 일어난 것으로 알고 있다. 각각을 주도한 인물이 누구인지 알려주세요.
        - 답변: 워털루 전투와 동학혁명은 실제로 같은 해에 일어났습니다. 둘 다 1815년에 발생했습니다. 그러나 이 두 사건을 주도한 인물은 다릅니다. (...중략...) 따라서 워털루 전투는 나폴레옹 병정과 제7 연합군 간의 전투로, 웰링턴 공작과 블루허르 왕자가 주도했으며, 동학혁명은 중국의 사회적 혁명으로 홍승욱(홍시경)이 주도한 운동입니다.
3. 창의성 촉진 및 논의 유도
    - 단순히 답변을 받는 것이 아닌, 창의성을 촉진하고 논의를 유도하는 방법을 고려한다.
    - 주제에 관한 토론을 제안하거나 문제 해결 과정을 함께 고민하도록 유도한다.
    - 예시)
        - 일반: 화성 이주가 정말 가능한가요? 내가 과학에 문외한인데, 설명 좀 부탁해요.
        - 유도: Elon Musk는 화성에 핵폭탄을 투하하면 인간이 살 수 있는 환경이 만들어질 수 있다고 하는데, 물리학적 근거와 방법을 설명해 주세요.

2.4. ChatGPT의 교육적 활용

OpenAI는 GPT의 연구 개발 과정에서 교육적 활용을 고려하여 모의 사법 시험, 생물학 올림피아드, 서술형 수학 문제, 외국어 학습 등 다양한 개념 검증 태스크를 수행했다. 이런 실질적인 문제를 해결하는 전략은 OpenAI가 이론적 진화와 실질적 성공을 경쟁자보다 우수하게 이룬 이유로 여겨지고 있다.

ChatGPT 발표 후 약 1개월 뒤, 미국 스탠퍼드대학에서는 기말고사와 관련한 ChatGPT 활용 현황을 조사한 바 있다. 조사 결과, 전체 학생 중 17%가 기말고사 동안 ChatGPT를 사용했는데, 이 중 약 60%는 브레인스토밍, 개요 작성, 아이디어 도출 등에 활용하였고, 5.5%는 ChatGPT의 응답을 수정 없이 보고서로 제출했다고 했다. 또한, 29.1%는 예상 문제 출제에도 ChatGPT를 활용했다고 보고하고 있다. 다른 조사 항목에 따르면, 학생들의 75%가 ChatGPT 활용을 명예 규정 위반이라고 생각했다. 이 중 22.7%는 약간이라도 사용하면 위반이라고 생각하고, 21%는 수정 없이 제출하면 위반이라고 응답했으며, 31.5%는 아이디어 도출 이상으로 활용하면 위반이라고 응답했다.

[그림 6-5] 스탠퍼드대 기말고사 기간 ChatGPT 활용 현황 및 명예규정에 대한 의식 조사

한편, 미국 월튼패밀리재단에서도 2023년 2월 한 달간 미국 전역에서 각각 1,000명 규모의 초중고 교사 및 학생을 대상으로 ChatGPT 활용에 대한 사용 유형과 의식 조사를 수행한 바 있다. 이 조사에 따르면 초중고 교사의 51%, 중고 학생의 33%가 사용 중인 것으로 나타나고 있으며, 교사의 91%와 학생의 87%가 ChatGPT의 교실 내 도입과 사용에 긍정적인 것으로 보고하고 있다. 또한 4개월 뒤의 재조사에서 이 수치는 각각 51%에서 63%로, 33%에서 42%로 증가한 것으로 나타나고 있다.

이러한 배경에서 〈표 6-6〉은 ChatGPT를 교육 현장에 긍정적으로 활용하기 위한 몇 가지 방안을 정리하고 있다. 이 외에도 더 많은 대안과 적용사례들이 있을 수 있으며, 교육 분야에서 ChatGPT의 활용은 계속해서 확장될 것으로 전망된다.

〈표 6-6〉 ChatGPT의 교육 현장 적용 방안

1. 개인별 맞춤형 학습
    - 질문의 난이도에 맞춰 이해가 쉽도록 개념을 포함하여 설명이 가능
    - 체계적이고 명확한 설명, 예까지 제시 가능
    - 학습자 자신의 페이스로 학습이 가능
2. 외국어 학습, 문화 교육과 언어 이해
    - 문법 교정 및 설명, 어휘 의미, 발음 연습이 가능
    - 자연스런 대화, 실시간 의사소통을 통해 회화 능력 향상이 가능
    - 목표 언어를 공부하며 해당국의 문화와 역사에 대한 이해를 높이는 데 활용
3. 문해력 연습
    - 다양한 난이도로 문장을 생성하고 관련된 질문을 제공
    - 문해력 및 정보선택능력 배양

4. 토론 연습
   • 토론 방식으로 주장과 반론을 제공
   • 학습자가 자신의 의견을 명확하게 표현하는 방법과 타인의 의견에 논리적으로 반박하는 연습이 가능
5. 시험 예상 문제 작성과 풀이
   • 모의시험 문제 작성
   • 주제와 난이도에 따라 문제를 생성
6. 작문
   • 문장을 구성하고 표현하는 방식을 학습
   • 학습자의 작문에 대해 어휘, 문법, 논리 구조 등을 개선
7. 과학 실험 설계와 문제 해결
   • 과학 분야의 실험 설계나 문제 해결 과정의 개선
   • 실험 절차, 가설 설정, 데이터 분석 과정 등을 개선

UN 전문기구인 UNESCO에서는 "빠른 시작 안내서(Quick Start Guide)"를 통해 ChatGPT의 작동 방식에 대한 개요를 제공하고 고등교육에서 어떻게 적용해야 하는지에 대한 지침을 제공하고 있다. 특히 AI의 주요 이슈와 윤리적 함의를 제기하면서 동시에 고등교육 기관에서 취할 수 있는 실용적인 단계를 제공하고 있다. 안전사용 지침 원칙은 세 단계로 간단명료한데, 먼저 결과에 대한 사실여부가 중요할 경우, 다음으로는 결과를 검증할 전문가가 없는 경우, 마지막으로 잘못된 정보 제공에 대한 책임을 감당할 수 없을 경우에는 사용을 권고하지 않고 있다.

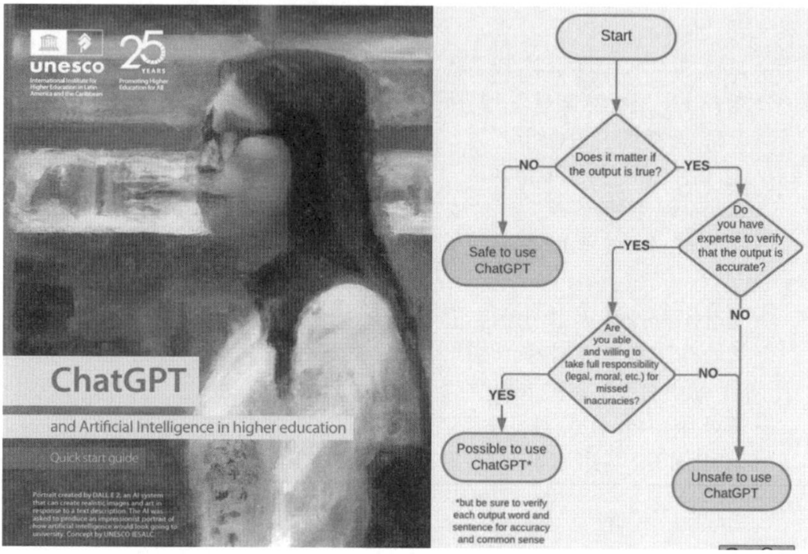

[그림 6-6] UNESCO에서 발간한 "ChatGPT and AI in higher education"의 표지(왼쪽)와 ChatGPT 안전적용 지침(오른쪽)

Cheating is not a new problem: schools have survived calculators, Google, Wikipedia, essays-for-pay websites, and more.

using it every day—but only a third of the students. Nearly all those who had used it (88% of teachers and 79% of students) said it had a positive impact.

A majority of teachers and students surveyed also agreed with this statement: "ChatGPT is just another example of why we can't keep doing things the old way for schools in the modern world."

Helen Crompton, an associate professor of instructional technology at Old Dominion University in Norfolk, Virginia, hopes that chatbots like ChatGPT will make school better.

Many educators think that schools are stuck in a groove, says Crompton, who was a K-12 teacher for 16 years before becoming a researcher. In a system with too much focus on grading and not enough on learning, ChatGPT is forcing a debate that is overdue. "We've long wanted to transform education," she says. "We've been talking about it for years."

Take cheating. In Crompton's view, if ChatGPT makes it easy to cheat on an assignment, teachers should throw out the assignment rather than ban the chatbot.

We need to change how we assess learning, says Culatta: "Did ChatGPT kill assessments? They were probably already dead, and they've been in zombie mode for a long time. What ChatGPT did was call us out on that."

Critical thinking

Emily Donahoe, a writing tutor and educational developer at the University of Mississippi, has noticed classroom discussions starting to change in the months since ChatGPT's release. Although she first started to talk to her undergraduate students about the technology out of a sense of duty, she now thinks that ChatGPT could help teachers shift away from an excessive focus on final results. Getting a class to engage with AI and think critically about what it generates could make teaching feel more human, she says, "rather than asking students to write and perform like robots."

This idea isn't new. Generations of teachers have subscribed to a framework known as Bloom's taxonomy, introduced by the educational psychologist Benjamin Bloom in the 1950s, in which basic knowledge of facts is just the bedrock on which other forms of learning, such as analysis and evaluation, sit. Teachers like Donahoe and Crompton think that chatbots could help teach those other skills.

In the past, Donahoe would set her students to writing assignments in which they had to make an argument for something—and grade them on the text they turned in. This semester, she asked her students to use ChatGPT to generate an argument and then had them annotate it according to how effective they thought the argument was for a specific audience. Then they turned in a rewrite based on their criticism.

Breaking down the assignment in this way also helps students focus on specific skills without getting sidetracked. Donahoe found, for example, that using ChatGPT to generate a first draft helped some students stop worrying about the blank page and instead focus on the critical phase of the assignment. "It can help you move beyond particular pain points when those pain points aren't necessarily part of the learning goals of the assignment," she says.

Smith, the bioscience professor, is also experimenting with ChatGPT assignments. The hand-wringing around it reminds him of the anxiety many teachers experienced a couple of years ago during the pandemic. With students stuck at home, teachers had to find ways to set assignments where solutions were not too easy to Google. But what he found was that Googling—what to ask for and what to make of the results—was itself a skill worth teaching.

Smith thinks chatbots could be the same way. If his undergraduate students want to use ChatGPT in their written assignments, he will assess the prompt as well as—or even rather than—the essay itself. "Knowing the words to use in a prompt and then understanding the output that comes back is important," he says. "We need to teach how to do that."

The new education

These changing attitudes reflect a wider shift in the role that teachers play, says Stansbury. Information that was once dispensed in the classroom

[그림 6-7] ChatGPT와 교육에 대한 MIT 기술리뷰 특집호

UNESCO에서 엄격한 활용 가이드를 제시하고 있는 반면 ChatGPT가 주는 기회를 최대한 활용해야 한다는 논리도 있다. 학력이 우수한 학습자들은 그렇지 않은 경우가 대부분이지만, 일반적인 학습자들이 어려워하는 요약, 주제 추출, 정답 추론, 번역－맞춤법-문법 검사, 글쓰기나 이메일 작성 지원 등 ChatGPT가 가지는 다양한 긍정적인 측면을 고려하여 학교가 장기적으로 적응해 나갈 필요가 있다는 것이다. 교육 현장은 역사적으로도 계산기, 구글 검색, 위키피디어, 유료 에세이 웹사이트 등을 포함한 무수한 부정행위로부터 생존해 왔으며, 결국 ChatGPT도 공존 또는 적응의 대상으로 본다는 것이다.

3. 결론: 미래교육을 위한 고려사항

인공지능의 역사는 지금도 지속적으로 발전하고 있으며, 앞으로 더 많은 혁신과 발전을 기대하고 있다. 이에 따라 지식 노동의 효율성이 극적으로 향상될 수 있으며, 개인 맞춤형 서비스 및 교육이 가능해질 것이고, 기존에는 불가능했던 다양한 기후적, 의료적, 우주적, 과학적 발전이 가능해질 것으로 전망된다.

이러한 배경에서 인공지능이 가져올 미래 교육 현장을 예측해 보면 다음과 같다.

1. 개인화된 학습 경험과 맞춤형 교육
    - AI 및 ChatGPT 기반의 맞춤형 학습 플랫폼이 진화하면서 학습자 개개인의 재능, 적성, 관심, 학습 스타일에 맞춰진 교육이 가능해질 것이다.

- 학생들은 자신의 학습 경로를 선택하고, 효과적인 학습 자료와 피드백을 받을 수 있게 될 것이다.
- 같은 맥락에서, 교육자는 AI와 협업하여 다양한 측면을 고려한 학습 경로를 설계하는 방식으로 학습자를 도울 수 있을 것이다.

2. 창의적 사고와 비판적 사고 강조
   - AI가 창작물을 생성하는 능력이 한층 향상되면서, 학생들의 창의성과 비판적 사고가 강조될 것이다.
   - AI가 생성한 결과와의 차이점을 이해하고, 창작물의 질을 판단하는 능력을 기르는 교육이 중요할 것이다.
3. 미디어 리터러시와 윤리 교육 강화
   - 가짜뉴스와 AI 편향이 예측할 수 없는 수준으로 증가하게 되므로, 학생들은 미디어 리터러시와 정보 검증 능력을 키우는 교육이 필요하게 될 것이다.
   - AI의 한계와 편향성을 이해하고, 신뢰할 수 있는 정보를 식별하는 능력을 기르는 것이 중요할 것이다.
   - AI의 장단점을 이해하며 윤리적 사용과 개인정보 보호에 대한 교육을 받아야 하며, AI의 한계와 잠재적 위험에 대한 교육이 필요할 것이다.
4. 협력과 문제 해결 능력 강화
   - AI의 도움으로 목표의 크기와 범주가 더 커지고 더 복잡한 분야에서 성과가 이루어지면, 학생들의 협력적 문제 해결 능력이 더욱 필요하게 될 것이다.
   - 그룹 프로젝트와 실생활 문제에 대한 해결 능력을 키우는 교

육이 중요할 것이다.

- AI의 발전으로 인해 협력과 커뮤니케이션 능력은 더욱 중요해질 것이므로, 학생들은 팀워크와 효과적인 커뮤니케이션을 배울 수 있어야 할 것이다.

4. 질의응답

질문	학교 현장에서는 현재 ChatGPT 활용 등 생성형 AI 활용에 대한 우려의 목소리가 높습니다. 이 부분에 대해 어떻게 생각하십니까?
대답	• ChatGPT는 대다수의 일반적인 학습자들이 어려워하는 요약, 주제 추출, 정답 추론, 번역, 맞춤법 및 문법 검사, 글쓰기나 이메일 작성 등을 도와줄 수 있습니다. 이러한 긍정적 요소를 고려하면서 교사, 학생, 전문가, 학부모 등이 합심하여 적절한 대응 전략을 세우면서 적응해 나갈 필요가 있습니다. • 역사적으로도 교육 현장은 계산기, 스마트폰, 다양한 사교육 등 수많은 장애와 도전에 직면했지만 이를 극복하고 생존해 왔습니다. 결국, ChatGPT는 극복의 대상이 아닌 공존 및 적응의 대상일 것입니다.
질문	ChatGPT 사용에 있어서 학습 차이가 발생하는 것을 어떻게 해결할 수 있을까요?
대답	• 학습의 차이는 기본적으로 학습 시 사용된 특정 영역이나 분야에 대한 데이터의 부족 및 편향성 등에서 기인할 것입니다. 부족한 영역에 대해서는 소규모 데이터를 수집하여 데이터 증강을 수행한 다음 파인튜닝을 수행하거나, 또는 명령-일치 학습을 통해서 일부 극복이 가능할 것입니다. • 또한, 효과적인 프롬프트 작성 원칙을 습득하여 ChatGPT가 잘못된 또는 부족한 응답을 제시할 경우에 대응할 수도 있습니다. 즉, 프롬프트 엔지니어링 기법을 적용함으로써 모델의 응답을 좀 더 세밀하게 제어할 수 있도록, 또한 원하는 방향으로 대화를 이끌어갈 수 있도록 할 수 있습니다.
질문	생성형 AI가 교사 업무 경감을 위해서 어떻게 활용될 수 있을까요?

대답	• 교사는 기본적으로 ChatGPT와 같은 생성형 AI를 수업 계획 수립, 수업을 위한 창의적 아이디어 도출, 수업을 위한 배경지식 구축 등에 활용할 수 있습니다. • AI는 작문, 문법, 과제물 등을 자동 평가하고 첨삭 지도할 수 있습니다. AI로 하여금 먼저 이를 수행하게 하고, 교사는 검증, 확인, 가벼운 정정 등을 수행함으로써 업무를 경감할 수 있습니다. • 사람은 물리적, 심리적 요인에 따라 달라질 수 있으나 AI는 기복이나 편향 없이 학습자의 태도나 감정 모니터링이 가능합니다. 이를 바탕으로 학습자에게 좋은 영향을 줄 수 있습니다.

참고문헌

A. M. Turing, "Computing machinery and intelligence," Mind, Volume lix, Issue 236, 1950, pages 433-460.

Grace, Katja et al. (2017), When Will AI Exceed Human Performance? Evidence from AI Experts, arXiv:705.08807

I. Goodfellow, et al., "Generative Adversarial Networks," arXiv:1406.2661, 2014.

J. Wei et al., "Chain-of-Thought Prompting Elicits Reasoning in Large Language Models," arXiv:2201.11903, 2023.

MIT Technology Review, "AI is coming for the classroom. Meet the teachers who believe it could improve education," MAY 2023.

OpenAI, "Best practices for prompt engineering with OpenAI API,", 2023.

OpenAI, "GPT-4 Technical Report," arXiv:2303:08774, 2023.

R. Anyoha, "The History of Artificial Intelligence," 2017.

Stanford Daily, "Scores of Stanford students used ChatGPT on final exams, survey suggests," 2023.

The74, "National ChatGPT Survey: Teachers Accepting AI Into Classrooms & Workflow — Even More Than Students," JUL 2023.

UNESCO, "ChatGPT and artificial intelligence in higher education: quick start guide," APR 2023.

Walton Family Foundation, "Teachers and Students Embrace ChatGPT for Education," MAR 2023.

https://chat.openai.com

https://github.com/junyanz/CycleGAN

https://openai.com/dall-e-2

https://openai.com/research/dall-e

https://www.technologyreview.com/2020/09/25/1008921/ai-allen-institute-generates-images-from-captions/

CHAPTER 07

ChatGPT를 활용한 외국어 교수·학습 커스터마이징

성민창(경인교육대학교 교수)

1. 시작하며

외국어를 배우는 사람이라면 이런 생각을 한 번쯤은 해보았을 것이다.

> "내가 원할 때 대화할 수 있고 궁금한 점을 물어볼 수 있는 원어민이 있으면 좋겠다."

우리나라에서 외국어를 배울 때 목표 언어의 원어민과 대화할 기회가 많지 않은데, 외국어 학습 이론에 따르면 그러한 실제적인 의사소통(예: 대화)이 외국어 학습에서 매우 중요한 요인에 해당한다(Long, 1983). 어쩌면 외국어 학습자들은 직관적으로 원어민과의 상호작용이 중요하다는 것을 알고, 그러한 혜택을 누리고 싶어 했을지도 모른다.

이제 외국어 학습자들이 오랫동안 바라던 일이 현실화되고 있다. 원어민을 만나는 것은 여전히 상당한 경제적·시간적 투자가 필요하지만, 그 대안으로서 인간 지능을 모방하고 때로는 초월하는 인공 지능이 부상하고 있다. 바로, ChatGPT를 비롯한 생성형 챗봇(Generative Chatbot)이다. 사실 언어 처리의 양과 속도를 기준으로 평가하면 ChatGPT는 한 명의 원어민보다 훨씬 더 뛰어나다.

ChatGPT는 방대한 데이터로 언어를 배운 대형 언어 모델(Large Language Model: LLM)로서, 영어와 한국어와 같이 인간이 사용하는 여러 언어를 이해하고 생성한다. 특히, ChatGPT는 특정 표현을 이해하고 생성할 때 인접 맥락에서 중요한 정보를 파악하는 능력이 뛰어나기 때문에, ChatGPT와 대화해 본 사람은 이 언어 모델이 말의 목적을 잘 파악하고 그에 맞게 적절한 내용과 방식으로 대답한다는 인상을 받게 된다(성민창, 조규희, 2023). 또한 ChatGPT는 방대한 언어 데이터를 학습하였기에, 원어민 수준의 자연스러움과 유창함을 보유하고 있다. 이와 같이 ChatGPT는 언어 활동에서 우수한 성능을 보유하고 있으며, 이는 외국어 교수 · 학습에 도움이 될 것으로 기대된다.

그러나 ChatGPT의 학습 데이터와 구동 방식 중 일부 요소는 외국어 교수 · 학습에 단점으로 작용할 수 있다는 우려가 있다. 대표적인 예로, 거짓 정보를 사실처럼 전달하는 환각(Hallucination)의 문제가 있다. 따라서 외국어 교수 · 학습을 위한 ChatGPT의 활용법을 논의하기에 앞서, 이 언어 모델의 장점과 단점을 여러 차원에서 살펴볼 필요가 있다.

2. 외국어 교수 · 학습에서 ChatGPT의 장점과 단점

ChatGPT는 외국어 교수 · 학습에서 어떠한 장점과 단점을 가지고 있을까? 이 질문에 답하기 위하여 접근성, 자연어 처리, 지식, 피드백이라는 네 가지 측면에서 ChatGPT의 성능과 효과를 살펴보았다.

첫째, "접근성"과 관련하여, ChatGPT는 외국어 학습자가 언제든지 이용 가능하다는 장점이 있다. 인터넷 연결만 되어 있다면 누구나 스마트폰이나 컴퓨터 등을 활용하여 ChatGPT에 접속하여 외국어로 의사소통할 수 있다. 그러나 매달 구독료를 납부하는 유료 사용자가 사용할 수 있는 서비스와 무료 사용자가 사용할 수 있는 서비스가 차별화되어 있고, 이러한 구분이 훗날 무료 사용자 활동의 제한으로 이어질 우려가 있다. 가령 ChatGPT 무료 계정으로 외국어를 열심히 배우던 학습자가 유료 계정을 확보해야지만 기존의 학습 활동을 지속할 수 있는 상황이 발생할 수도 있다.

둘째, "자연어 처리"와 관련하여, ChatGPT는 영어를 비롯한 여러 자연어 텍스트를 빠르고 자연스럽게 이해하고 생성한다는 장점이 있다. 외국어 학습자는 ChatGPT가 학습자 자신의 말을 이해하고 그에 적절한 반응을 보이는 것을 경험하면서 학습에 몰입할 수 있다. 그러나 ChatGPT의 언어 처리 속도가 너무 빨라서 따라가는 것만으로도 벅찰 수 있으며, 빠르게 생성되는 외국어 텍스트를 무비판적으로 읽는 과정에서 거짓 정보를 구분하지 못하고 사실로 인지할 위험이 있다.

셋째, "지식"과 관련하여, ChatGPT는 사회, 문학, 과학, 자연 등 많은 영역을 아우르는 방대한 지식 체계를 보유하고 있어, 외국어 학습자에게 다채롭고 유용한 정보를 제공한다는 장점이 있다. 예를 들어, 역사적 인물이 등장하는 읽기 자료를 ChatGPT에게 제공하면서, 그 읽기 자료의 맥락에서 역사적 인물을 이해하는 데 필요한 추가 정보를 요구할 수 있다. 그러나 궁금한 점을 묻고 답하는 과정에서 외국어 습득보다는 지식 학습 중심으로 대화가 진행될 수도 있다는 단점이 있다.

넷째, "피드백"과 관련하여, ChatGPT는 사용자가 입력한 텍스트에 대해 다양하고 빠른 피드백을 제공한다는 장점이 있다. 예를 들어, 학생은 자신의 작문을 ChatGPT에게 제공하며, 문법적 오류나 부적절한 어휘 사용에 대해 즉각적인 피드백을 받을 수 있다. 그러나 ChatGPT의 사용 환경이 무언가를 계속 새롭게, 그리고 빠르게 생성하는 데 초점을 두고 있어, 사용자는 ChatGPT가 제공한 피드백을 천천히 이해하고 적용하는 시간을 확보하지 못하여 피드백의 내재화가 수반되지 못할 수도 있다는 단점이 있다.

〈표 7-1〉 외국어 교수·학습에서 ChatGPT의 장점과 단점

기준	장점	단점
접근성	24시간 언제든지 이용 가능하다.	무료 사용자 활동을 제한할 우려가 있다.
자연어 처리	자연어 이해 생성이 빠르고 자연스럽다.	빠른 속도를 따라가기 어렵고, 거짓 정보를 구분하기 힘들다.
지식	방대한 지식으로 유용한 정보를 제공한다.	외국어 습득보다는 지식 학습 중심으로 대화가 진행된다.
피드백	다양하고 빠른 피드백을 제공한다.	빠른 사용 속도로 피드백을 내재화하지 못할 우려가 있다.

이제 외국어 교사와 학습자들은 ChatGPT의 장점을 활용하고 단점을 보완 및 회피하면서 자신의 외국어 교수 · 학습에 ChatGPT를 활용할 필요가 있다. 이때, 우리가 다시 한번 주목할 점은 ChatGPT가 생

성형 인공지능이라는 점이다. ChatGPT는 우리의 요청을 이해하고 그에 "맞게" 외국어 교수 · 학습 활동 및 자료를 생성할 수 있다. 따라서 교사와 학습자는 자신의 필요와 관심에 맞게 외국어 교수 · 학습 과정을 창의적이고 주도적으로 설계할 수 있는데, 필자는 이 과정을 커스터마이징(Customizing=맞춤 제작 서비스)으로 부르고자 한다.

3. ChatGPT를 활용한 외국어 교수·학습 커스터마이징

커스터마이징이라는 표현은 영어 동사 customize에서 파생되었고, 그 동사의 우리말 뜻은 크게 두 가지로 해석된다. 먼저, 상업적 맥락에서 "주문에 따라 만들다"라는 해석이 있고, 컴퓨터 활용의 맥락에서 "자기 취향에 맞도록 설정을 바꾸다"라는 해석이 있다. 두 해석 모두 ChatGPT를 활용한 외국어 교수 · 학습 커스터마이징에 흥미로운 시사점을 제공한다.

먼저 "주문에 따라 만들다"라는 해석은 주문이 결과물을 결정한다는 측면에서 ChatGPT에게 제공되는 주문, 즉 프롬프트의 중요성을 보여주는 동시에, 만들기(=생성하기)라는 생성형 언어 모델의 본질과도 맞닿아 있다. 반면 "자기 취향에 맞도록 설정을 바꾸다"라는 해석은 사용자의 취향에 따라 창의적이고 자유롭게 ChatGPT를 활용하는 방식과 관련이 있으며, 일반적인 사용법을 바꾸는 방식의 커스터마이징이 가능하고 필요함을 시사한다. 요약하면, 자신의 필요에 맞게 효과적으로 ChatGPT를 활용하는 동시에, 이전과는 다른 방식으로 새로운 적용을 끊임없이 시도할 필요가 있을 것이다.

필자는 이와 같은 시사점을 바탕으로 ChatGPT를 활용한 외국어 교수·학습 커스터마이징을 크게 두 가지 사례를 탐색하고자 한다. 첫 번째 커스터마이징 사례는 성공적인 외국어 학습을 위해서 학습자가 학습 목표와 동기를 구체화하는 과정에 해당한다. 두 번째 커스터마이징 사례는 자신의 수준에 맞게 외국어로 대화를 나누는 과정에 해당한다. 참고로, 여러 외국어 중 ChatGPT가 가장 잘 이해하는 언어이자 필자의 전공 분야이기도 한 영어를 중심으로 사례를 설명하겠다.

3.1. 외국어 학습 목표 및 동기 구체화하기

외국어 학습자, 특히 나이가 어린 외국어 학습자들은 "왜 외국어를 배워야 하나요?"와 같은 질문을 자주 한다. 그리고 외국어를 얼마나 잘해야 하는지에 대한 명확한 이해가 부족한 경우도 많다. 이러한 문제를 해결하기 위해 학습자로 하여금 ChatGPT와 외국어 학습 자체에 관하여 대화를 나누도록 안내할 수 있다. 그 구체적인 양상을 가상의 상황에서 이루어진 ChatGPT와의 대화 사례를 중심으로 살펴본다.

올해 고등학교에 입학한 은지는 훌륭한 의사가 되어 아픈 사람들을 도와주는 것을 꿈꾸고 있다. 은지는 학년 평균 수준의 영어 실력을 가지고 있는데, 의사에게 요구되는 영어 실력을 확인하고 그에 맞게 준비하고자 한다. 주변에 물어볼 사람이 없어서, 부모님의 허락을 구한 뒤 ChatGPT와 영어 학습 상담을 시작하였다.

안녕. 나는 한국에 사는 고등학교 1학년이야. 훌륭한 의사가 되는 것이 꿈인데, 영어를 왜 배워야 할까?

영어를 배우는 것은 의사가 되기 위한 중요한 과정 중 하나입니다. 이유는 몇 가지 있습니다.

1. 국제적인 의료 커뮤니티: 전 세계 의료 전문가들 사이에서 영어는 주로 사용되는 언어입니다.
2. 의료 연구와 문헌: 의학 분야의 최신 연구와 발견, 저널, 학술 논문 대부분은 영어로 작성되고 출판됩니다.
3. 환자 치료: 한국에서도 외국인 환자들을 만날 가능성이 있습니다. 이 경우, 영어를 통해 효과적인 의사소통을 하고, 환자의 문제를 이해하며, 적절한 치료를 제공할 수 있습니다.
4. 국제적인 기회: 향후에 해외에서 공부하거나 연구하고 싶다면, 영어는 필수적입니다.

따라서, 의사가 되기 위해 영어를 배우는 것은 필수적인 요소로 볼 수 있습니다. 영어는 단순히 언어를 넘어서 전 세계와 소통하고, 의료 지식을 향상시키며, 환자에게 최선의 치료를 제공하는 데 중요한 도구입니다.

ChatGPT는 국제적인 의료 커뮤니티, 의료 연구와 문헌, 환자 치료, 국제적인 기회 등 4가지 측면에서 영어의 필요성을 설명해 주었다. 비로소 은지는 영어의 필요성을 구체적으로 확인하고 영어 학습 동기를 강화할 수 있었다. 그리고 자신의 영어 학습 목표를 설정하기 위하여 아래와 같이 대화를 이어갔다.

고마워. 그러면 나는 영어를 얼마나 잘해야 할까? 구체적인 시험 이름이나 성적, 레벨 등을 알려줘.

의사가 되기 위해서는 전문적인 영어 실력이 필요합니다. 구체적인 시험 이름과 성적, 레벨에 대해 언급하자면 다음과 같습니다.

1. IELTS: IELTS는 국제적으로 인정받는 영어 능력 시험 중 하나입니다. 의학계에서 일반적으로 요구하는 IELTS 성적은 7.0 이상입니다.

2. TOEFL: TOEFL은 또 다른 국제적으로 인정받는 영어 능력 시험입니다. 대부분의 의학 학교는 TOEFL 성적을 100 이상 요구합니다.
3. OET(Occupational English Test): OET는 의료 전문가를 위한 영어 능력 시험입니다. 이 시험에 대해 좋은 성적을 받는다면, 당신이 의료 분야에서 필요한 영어 능력을 갖추고 있다는 것을 입증할 수 있습니다.

이런 시험 성적은 대학 입학이나 취업 등에 필요한 요건 중 하나일 뿐이며, 실제로 의사로서 일하는 데 필요한 전문적인 의학 영어 실력을 향상시키기 위해서는 지속적인 학습과 연습이 필요합니다.

은지는 대화를 통해 의사의 영어 능력을 평가할 수 있는 시험이 여러 가지가 있다는 사실을 새롭게 알게 되었다. 그러나 시험별 점수가 나타내는 영어 실력이 어느 정도인지 잘 가늠이 되지 않았다. 은지는 본인이 그 정도의 실력이 되었을 때 할 수 있는 영어 과업이 궁금해졌다. 그리하여 평소에도 자주 이름을 들었던 TOEFL 시험과 관련하여 해당 성적을 받는 사람이 이해할 수 있는 글을 제공해 달라고 요청했다.

TOEFL 시험에서 100점 정도의 점수를 받는 사람이 이해할 수 있는 글을 하나만 줄래?

Pioneering Nanotechnology Advances Revolutionize Medical Treatment

Researchers from the prestigious Massachusetts Institute of Technology (MIT) have made groundbreaking advancements in the field of nanotechnology, potentially reshaping the future of medical treatment.

At the forefront of these developments is the creation of a nanoparticle capable of directly attacking cancer cells with remarkable precision. Unlike conventional chemotherapy, which has a systemic effect that often results in significant side effects, this innovation allows for targeted treatment, minimizing the impact on healthy cells.

The technology functions by exploiting the characteristics of cancer cells, which are more prone to take in nanoparticles than regular cells. Once inside, these nanoparticles release cancer-killing drugs, specifically annihilating cancerous cells without harming nearby healthy ones.

이런 복잡한 텍스트를 이해하려면 다양한 어휘와 문법 구조에 익숙해져야 하며, 특정 분야의 배경 지식도 필요합니다.

은지는 이 대화를 통해 지금은 이해하기 힘든 저 글을 무난하게 이해할 수 있는 정도로 영어 실력을 길러야겠다고 마음을 먹었다. 그러기 위해서는 매일 꾸준히 영어를 학습할 필요가 있을 것이라 생각하고, 자신의 현재 수준에서 목표에 도달하기 위한 공부 방법에 대해 ChatGPT에게 물었다.

고마워. 나는 영어 실력이 고등학교 1학년 평균 수준인 것 같아. TOEFL 시험에서 100점을 맞으려면 어떻게 해야 할까? 매일 실천할 수 있는 3가지 공부 방법과 시간을 알려줄래?

TOEFL 시험에서 높은 점수를 받으려면 체계적인 학습 방법과 꾸준한 노력이 필요합니다. 다음은 매일 실천할 수 있는 3가지 공부 방법입니다:

1. 어휘 연습: 매일 몇 개의 새로운 단어를 배우고, 이 단어들을 문장에 사용해 보세요. 단어 카드를 만들어서 여러 번 복습하는 것이 효과적일 수 있습니다. 이를 위해 약 30분 정도를 할애하면 좋습니다.
2. 독해 연습: 매일 과학, 역사, 예술 등 다양한 주제의 영어 기사나 논문을 읽는 연습을 하는 것이 좋습니다. 읽으면서 모르는 단어가 있다면 찾아보고, 주요 아이디어와 세부 내용을 요약하는 연습도 해보세요. 이를 위해 약 1시간 정도를 할애하면 좋습니다.
3. 듣기와 말하기 연습: 영어로 된 팟캐스트를 듣거나, TED 강연을 보는 것이 좋은 연습이 될 수 있습니다. 주제를 설정하고 그에 대해 영어로 말하는 연습을 해보세요. 이를 위해 약 1시간 정도를 할애하면 좋습니다.

이와 같은 외국어 학습자와 ChatGPT 간의 대화는 어떠한 의의와 기대 효과가 있을까? 우선, 부모나 교사의 일방향적 조언(혹은 잔소리)이 아니라, 나의 궁금증에 대한 ChatGPT의 성실한 답변으로 학습 목표와 동기를 구체화하였다는 의의가 있다. 그리고 막연하고 추상적이었던 외국어 학습 목표와 과정을 ChatGPT와 함께 구체화하는 과정에서 학습자 자신도 주도적인 역할을 수행하였다는 의의가 있다. 또한 구체화된 목표와 계획을 확인하고 "할 수 있겠다"라는 자신감을 획득하였을 것으로 기대된다.

외국어 교사와 학습자는 위에서 예시한 외국어 학습 목표 및 동기 부여 과정을 자신의 교수 · 학습 상황에 맞게 커스터마이징할 수 있다. 예를 들어, 학년도 초반 수업 시간 중 외국어 학습 설계 활동을 실시하거나, 학생들이 각자의 목표와 계획을 세우고 이를 온라인 학습 게시판에 공유하는 과제를 수행할 수 있다.

3.2. 자신의 수준에 맞게 외국어로 대화하기[1)]

외국어 학습에서 외국어로 대화를 나누는 경험은 너무나도 중요하지만, 실제로 자신의 수준에 맞게 외국어로 대화할 기회는 매우 부족하다. 이제 ChatGPT를 활용하면 적은 노력으로도 많은 외국어 대화 경험을 가질 수 있다. 이때, 외국어 학습자들이 보다 유익하고 체계적인 대화 경험을 가질 수 있도록 필자는 준비하기, 시작하기, 진행하기, 정리하기의 4단계를 제안한다. 대화 단계별 주요 내용 및 전략은 다음과 같다.

1) 이 장의 상당 부분은 한국교육공학회에서 2023년 5월에 발행된 『교육공학 매거진』에 실린 필자의 글, "ChatGPT와 소통하는 교육"에서 가져왔다.

1) 준비하기

유의미한 외국어 대화를 위해서는 네 가지를 미리 정해야 한다. 첫째, 대화 상황이다. 나의 외국어 교수-학습 목표에 근거하여 연습이 필요한 상황을 설정하는 것이다. 예를 들어, 기업 취업을 준비하고 있는 학생들을 대상으로 ChatGPT를 활용한다면, 영어 면접 상황을 구현할 수 있다. 반면, 일반적인 외국어 학습이 필요한 상황이라면 친구 사이의 대화 상황이 무난할 것이다.

둘째, 상황별 역할(role)이다. 예를 들어, 기업 영어 면접 상황에서 학습자가 먼저 면접관(interviewer)의 역할을 맡고 ChatGPT가 지원자(applicant)의 역할을 맡게 함으로써 학습자는 큰 부담 없이 답변 방식과 내용에 익숙해질 수 있다. 이후, 역할을 바꾸어 학습자가 지원자로서 자신의 차별점과 의견을 ChatGPT 면접관에게 표현한 뒤, 그에 대한 피드백을 요청할 수 있다.

셋째, 대화 주제이다. 가령 친구 사이의 대화는 매우 다양한 주제로 진행될 수 있는데, 대화 주제를 정함으로써 엉뚱한 주제로 전환되지 않고 깊이 있는 대화가 이루어질 수 있다. 대화 주제를 크게 시간을 기준으로 분류하자면, 과거에 있었던 일(예: 주말 경험, 여행 경험), 일상적인 일(예: 습관, 좋아하는 음식), 미래 계획(예: 여행 계획, 구직 계획)으로 구분할 수 있다. 이러한 시간 기반 주제를 활용하면 시제 패러다임을 고정해 두고 대화를 연습할 수 있다는 장점이 있다.

마지막은 외국어 수준이다. 자신의 수준을 ChatGPT에게 알려줌으로써 대화의 난이도를 조절하는 것이다. 외국어 수준을 보여주는 다양한 정보가 있는데(예: 학년, 시험 점수), 그중 능숙도 수준을 알려주는 방식을 추천한다. 능숙도는 일반적으로 상-중-하의 등급으로 구분되고, 각 등급에서 2-3개 세부 등급으로 구분된다. 예를 들어, ACTFL은 등급별로 3개의 세부 등급(low, mid, high)으로, CEFL은 2개의 세부 등급(1, 2)으로 구분하는 경향이 있다. 두 능숙도 지표를 대략 구분하면 〈표 7−2〉와 같다. 이와 같은 능숙도 등급 정보를 활용하여 학습자는 자신이 희망하는 수준의 대화를 진행할 수 있다.

〈표 7-2〉 외국어 능숙도 지표 구분

<table>
<tr><th>등급</th><th colspan="2">ACTFL 지표</th><th colspan="2">CEFL 지표</th></tr>
<tr><td rowspan="3">상</td><td rowspan="3">Advanced</td><td>Advanced High</td><td rowspan="3">C</td><td>C2</td></tr>
<tr><td>Advanced Mid</td><td rowspan="2">C1</td></tr>
<tr><td>Advanced Low</td></tr>
<tr><td rowspan="3">중</td><td rowspan="3">Intermediate</td><td>Intermediate High</td><td rowspan="3">B</td><td>B2</td></tr>
<tr><td>Intermediate Mid</td><td rowspan="2">B1</td></tr>
<tr><td>Intermediate Low</td></tr>
<tr><td rowspan="3">하</td><td rowspan="3">Novice</td><td>Novice High</td><td rowspan="3">A</td><td>A2</td></tr>
<tr><td>Novice Mid</td><td rowspan="2">A1</td></tr>
<tr><td>Novice Low</td></tr>
</table>

2) 시작하기

대화 연습 계획이 준비되었다면, 이제 ChatGPT에게 프롬프트를 입력해야 한다. 이때, 한국어로 프롬프트를 작성하면 한국어로 대화가 진행될 수 있으니, 목표 외국어(예: 영어)로 프롬프트를 작성한다. 프롬프트 작성에 정해진 규칙은 없으나 아래의 양식을 활용할 수 있다.

I want to do a role play in English.

Say 1-to-3 sentences and wait.

- Context: A conversation between two friends
- Roles: We are the best friends.
- Topic: What to do this weekend
- My English proficiency: Intermediate low

위 양식의 주요 특징을 소개하면, 우선 첫 번째 문장에서 대화 연습을 역할극(role play)으로 정의하고 있다. 상황에 따라 다양한 역할이 등장할 수 있음을 고려하였다. 두 번째 문장은 ChatGPT에게 1~3개 문장을 말하고 기다리도록 요청하고 있다. 이 명령어가 없으면, ChatGPT는 자신의 차례에 너무 많은 문장을 발화하거나, 학습자에게 대답할 기회도 주지 않고 혼자 두 사람의 대화문 전체를 작성해 주는 문제가 생길 수 있다. 한편, 상황, 역할, 주제, 영어 수준은 개조식으로 제공하면 된다. 참고로 개인의 필요와 수준에 따라 밑줄 친 부분은 얼마든지 수정할 수 있다.

한편, 위와 같이 프롬프트를 제공하면, ChatGPT가 대화를 시작한다. 만약 학습자가 대화 혹은 질문을 시작해야 하는 상황이라면(예: 면접관 역할), 프롬프트를 질문으로 마무리하면 된다(예: Mr. GPT. Why did you apply for this position?).

3) 진행하기

ChatGPT와 외국어로 대화할 때 다양한 전략을 활용할 수 있다. 그중 필자가 자주 사용하는 세 가지 전략으로, “따라 하기, 물어보기,

사진 보고 오기"가 있다.

먼저, 따라 하기 전략은 ChatGPT가 이전 발화에서 사용한 표현과 구조를 모방하는 것이다. 예를 들어, 아래 영어 대화의 1번 턴에서 ChatGPT는 동사구 "like to bring"을 사용하였는데, 이를 사용자가 4번 턴에서 모방하고 있다.

1. GPT: Do you have any favorite snacks or drinks that you like to bring with you on your hikes?
2. USER: How can I say "삶은 달걀" in English?
3. GPT: The phrase "삶은 달걀" in English is typically translated as "boiled eggs".
4. USER: Thanks. I like to bring boiled eggs.

둘째, 물어보기 전략은 모르는 표현이나 내용을 물어보는 것이다. 위의 대화에서 사용자는 자신이 모르는 영어 표현을 2번 턴에서 물어보았다. 또한 ChatGPT는 대화 역할(예: 친구)을 수행하는 중에도 다양한 내용(예: 삶은 달걀의 효능)에 대해 얼마든지 답해 준다.

셋째, 사진 보고 오기 전략은 대화 중에 관심이 가는 내용(예: 여행지 추천 식당)에 대하여 따로 사진을 검색해 보는 방식이다. ChatGPT의 긴 설명으로도 명확해지지 않았던 것들이 한 장의 사진으로 해결되는 경우가 많다. 역시 백문이 불여일견이다.

4) 정리하기

ChatGPT와의 대화를 정리할 때 우선 대화가 즐거웠음을 말해 준다. 이로써 학습자는 긍정적인 분위기로 대화를 마칠 수 있다.

더불어 대화 경험을 명시적인 학습 기회로 발전시킬 필요가 있다. 필자의 경험을 예로 들겠다. 미국 여행 계획을 주제로 ChatGPT와 한참을 대화한 뒤, 필자가 사용했으면 하는 표현과 필자가 잘못 사용한 표현에 대한 피드백을 요청하였다. 주요 내용은 아래와 같다.

I: Can you recommend 3 expressions that I should have used in the role play?

GPT: "Sounds like a plan!", "How about...?", "Let's play it by ear."

I: Good. Can you also correct some of my mistakes?

GPT: When you said "What should we do first there?", a more natural way to phrase this might be "What should we do first when we get there?".

ChatGPT와 길게 대화를 나눈 후 받은 피드백이라서 그런지, 필자에게 참으로 적절한 내용이라는 생각이 들었다. 다음 대화에서는 ChatGPT에게 달라진 모습을 보여줄 수 있을 것 같다.

4. 결론: 미래교육을 위한 고려사항

시중에서 구할 수 있는 다양한 외국어 학습 자료 중 하나를 택하여 외국어를 배우는 것과 ChatGPT로 외국어 학습 과정을 커스터마이징 하는 것은 큰 차이가 있다. 의류 쇼핑에 비유하자면, 전자는 의류 매장에 걸려 있는 기성복 중에서 하나를 고르는 것과 같고, 후자는 손이 빠른 재봉사로 하여금 맞춤복을 제작하도록 하는 것과 같다. 기성복보다 나은 맞춤복을 제작하려면, 좋은 재단사를 만나서 재단에 필요한 정보를 정확하게 제공하고 옷의 유형과 특징을 상세하게 요구할 필요가 있다. 이와 유사한 논리로, 외국어 교사와 학습자가 좋은 언어 모델인 ChatGPT를 만나서 교수 · 학습에 필요한 정보를 정확하게 제공하고 외국어 활동 및 과업을 구체적으로 요구할 때, 외국어 교수 · 학습 과정의 커스터마이징이 효과적일 수 있을 것이다. 따라서 외국어 교사와 학습자는 ChatGPT를 비롯한 새로운 인공 지능에게 어떠한 정보와 지침이 필요한지 잘 이해하고, 자신이 원하는 바를 잘 전달할 수 있어야 한다.

한편, 외국어 학습자가 자신의 원하는 바를 명확하게 인식하고 이를 성취하기 위하여 언어 모델과 외국어로 소통하는 것은 그 자체로서 고유한 언어 활동으로 볼 수 있다. 만약 미래 사회에서 이 언어 활동의 중요성이 점차 증가하여 그것의 능숙도가 업무 생산성 등에 큰 영향을 미치게 된다면, 우리는 외국어 학습에서 새로운 목적을 설정할 수 있을지도 모른다. 예를 들어, "국제 사회에서 외국인들과 협력적으로 소통하기"라는 전통적인 목적뿐만 아니라, "영어 기반 인공지능과 효과적으로 소통하기"와 같은 새로운 목적이 부각될 수 있다. 따라서 우리는 미래교육의 변화에 지속적인 관심을 가지고, 새로운 교육적 요구에 신속하고 전문적으로 대응할 준비를 하여야 한다.

5. 질의응답

질문	영어 교육에서 ChatGPT를 사용하는 것을 효과와 효율성 측면에서 전통적인 교육 방법과 비교할 수 있을까요? 비교할 수 있다면 어떤 방법으로 비교할 수 있을까요?
대답	질문의 내용처럼, ChatGPT와 같은 새로운 기술을 무조건 적용하는 것보다 기존의 교육 방법과 비교하며 그 효과와 효율성을 확인할 필요가 있습니다. 이를 위해 우선 세 가지 조건이 충족될 필요가 있을 것입니다. 첫째, 영어 교육에서 ChatGPT를 효과적으로 활용하는 방법이 다양하게 고안될 필요가 있고, 그것에 대한 경험적 자료가 축적될 필요가 있습니다. 둘째, ChatGPT를 활용한 교수 · 학습 방법이 전통적인 방법 중 무엇과 비견되는지 판단해야 합니다. 셋째, 두 방법이 공유하는 목적과 효과에 근거하여 평가 기준을 마련할 필요가 있습니다. 예를 들어, ChatGPT를 활용한 쓰기 활동과 전통적인 쓰기 활동을 쓰기 능력 향상의 측면에서는 비교할 수 있으나, 디지털 문해력 향상의 측면에서 두 활동의 상대적 효과성을 비교하는 것은 바람직하지 않을 것입니다. 답변을 마치기 전에, 우리가 에듀테크 사용과 관련하여 무의식적으로 사용하고 있는 생각의 패러다임에 대해 성찰할 필요가 있습니다. 전통적인 교육 방법과 에듀테크를 활용한 새로운 교육 방법을 비교하는 것은 분명 필요한 일이고 가치 있는 일입니다. 그러나 우리가 새로운 기술의 활용 방안을 기존 방식의 대체로만 생각한다면, 새것을 옛것의 틀로 제한하게 될 우려가 있습니다. 새로운 에듀테크 기술은 그 자체로 온전히 탐구되어야 하고, 이전에는 상상해보지 못한 창의적이며 과감한 시도가 필요합니다. 이와 관련하여, 교육학자 Puentedura(2013)는 SAMR 모델을 제시하며, 새로운 기술이 기존의 교육을 대체(Substitution)할 뿐만 아니라 증강(Augmentation), 수정(Modification), 재정의(Redefinition)할 수 있음을 제안하였습니다.

질문	ChatGPT가 학교 현장에서 영어 과목의 평가에서 활용되는 경우, 어떻게 정량적인 평가가 가능할지 궁금합니다.
대답	정량적 영어 평가의 대표적인 유형으로 지필 평가와 수행 평가가 있습니다. 정량적 지필 평가는 일반적으로 선택형 혹은 단답형 문항을 제시하고 학습자의 응답을 문항 수나 문항별 배점 등의 기준에 따라 평가 점수화합니다. 이러한 유형의 시험을 개발할 때, 교사는 ChatGPT를 활용할 수 있습니다. 예를 들어, 교사는 ChatGPT에게 학습 어휘 목록이나 텍스트를 제시하고, 이에 대한 문제를 출제하도록 요구할 수 있습니다. 만약 ChatGPT가 출제한 문항이 학생들의 수준에 적절하지 않은 경우, 교사는 ChatGPT에게 추가 수정을 요구하거나 본인이 직접 수정할 수 있습니다. 반면, 정량적 수행 평가에서 ChatGPT를 활용할 때 유의할 점이 있습니다. ChatGPT는 기본적으로 언어 모델이라 수에 약한 편입니다. 예를 들어, 단어 수를 세는 기초적인 연산도 정확도가 낮습니다. 따라서 교사가 학습자의 수행 결과물을 ChatGPT에게 제시하고 이를 점수화하는 것은 권장하지 않습니다. 대안으로서 교사는 ChatGPT에게 자신의 평가 목적과 내용을 설명하고 이에 대한 정량적 평가 기준을 작성해달라고 요청할 수 있습니다. 더불어 정량적 평가의 근거 자료를 ChatGPT에게 요구할 수 있는데, 예를 들어 학생의 작문에서 사용된 어휘의 수준을 분석하고 비문법적인 문장을 찾는 등의 과업을 ChatGPT에게 지시할 수 있습니다. 마지막으로 교사는 자신의 교육적 경험과 영어 교육 이론에 근거하여 ChatGPT를 활용하는 새로운 유형의 정량적 평가를 고안할 수 있습니다. 만약, ChatGPT와 학습자 간의 상호작용이 영어 학습에 도움이 된다는 연구 결과와 인식이 공유된다면, 교사는 그 상호작용 자체를 정량적으로 평가할 수 있습니다. 예를 들어, 학습자와 ChatGPT의 발화량이나 주어진 과업들의 수행 여부 등을 평가할 수 있을 것입니다.

질문	ChatGPT와 같은 기술 발전으로 인해 많은 인간의 한계가 극복 및 확장되고 있습니다. 영어 교육에서 이에 대해 어떻게 생각하는지 궁금합니다.
대답	기술의 발전은 인류가 늘 하고 싶었지만 할 수 없었던 것들을 가능케 하며, 이는 "수행의 한계"를 극복한 것에 해당합니다. 또한 새로운 기술은 인류로 하여금 이전에 감히 생각해보지도 못했던 창의적인 방향을 궁리하게 하는데, 이는 "인식의 한계"를 극복한 것에 해당합니다. 이와 같은 극복의 두 가지 모습이 영어 교육에서도 많이 목격되고 있으며 앞으로 그 추세는 계속될 것이라 감히 예측해 봅니다. ChatGPT와 같은 생성형 인공 지능이 없을 때, 영어 교육에서 빈번하게 제기되었던 "수행의 한계"는 실시간 영어 의사소통 기회의 부족이었습니다. 많은 영어 학습자들이 영어 의사소통 기회를 확보하고자 전화 영어, 언어 교류, 온라인 채팅 등 다양한 노력을 기울여 오고 있습니다. 그러나 지금은 ChatGPT를 활용하면 언제든지 영어로 의사소통할 수 있습니다. 즉, 영어 의사소통 기회의 부족이라는 수행의 한계가 점차 극복되고 있는 셈입니다. 그렇다면 영어 교육에서 "인식의 한계"는 어떻게 극복될 수 있을까요? 일단 과거의 경험에서 한발 물러서서 기술과 인간의 상호작용을 새로운 눈으로 바라볼 필요가 있습니다. ChatGPT와 영어 학습자가 상호작용하는 모습을 바라볼 때, 여러분은 어떤 생각이 드시나요? 어쩌면 많은 사람들이 엉뚱하다고 여기는 그 생각이 중요한 변화를 가져올 수도 있을지 모릅니다. 필자는 개인적으로 영어 교육의 새로운 목적을 생각해 봅니다. 영어를 배우는 주된 목적 중 하나로 "국제 사회에서 외국인들과 협력적으로 소통하기"가 있는데, 이제 "영어 기반 인공 지능과 효과적으로 소통하기"가 새로운 목적이 될 수도 있겠다는 엉뚱한 생각을 해봅니다.

참고문헌

성민창 (2023). ChatGPT와 소통하는 교육. 교육공학 매거진(한국교육공학회), *Vol. 2*, 8-12.

성민창, 조규희 (2023). ChatGPT로 분석한 2022 교육과정 활용 유의 사항: 영어과 의사소통 기능과 예시문을 중심으로. 영어교과교육, 22(2), 173-195.

Long, M. H. (1983). Native speaker/nonnative speaker conversation in the second language classroom. In M. Clarke & J. Handscombe (Eds.) *On TESOL 82: Pacific perspectives on language, learning and teaching* (pp. 207-225). Washington, DC: TESOL.

Puentedura, R. (2013). SAMR: Moving from enhancement to transformation [Web log post]. http://www.hippasus.com/rrpweblog/archives/000095.html

CHAPTER 08

코딩교육과 ChatGPT

강신천(공주대학교 교수)

1. 시작하며

'코딩교육과 ChatGPT(Chat Generative Pre-trained Transformer)[1]' 라는 제목이 관심을 끄는 것은 ChatGPT로 인해 코딩 교육이 혹시 사라질 것이라는 '루머'도 한몫을 하였다. 굳이 '루머'라고 표현한 것은 ChatGPT가 코딩에 대해, 정확히는 파이썬(이후 Python)에 대해, 가장 많이 학습한 인공지능이지만 실제로는 코딩교육이 사라지는 것이 아니라 코딩교육의 전환과 함께 더욱 강화될 것이라는 확신 때문이다. 비록 '루머'라고 일축했지만 불편한 진실은 ChatGPT가 가장 많이 학습한 서지 데이터가 Python이라는 프로그래밍 언어와 영어 텍스트이며 이로 인해 코딩과 영어에 대해 ChatGPT가 높은 성능을 보이는 부분이다(김대식, 2023).

한편, ChatGPT는 2022년 하반기에 미국의 OpenAI[2]가 출시한 거

1) OpenAI가 만든 딥러닝 언어처리모델이다.
2) Sam Altman이 2015년 12월에 설립한, 인공지능에 의한 전 인류적 이익을 추구하는 연구 개발 회사

대 언어 모델(LLM: Large Language Model)로 출시와 함께 전 세계를 놀라게 하였다. 그리고 ChatGPT에 대한 열광, 기대, 활용, 융합 등은 여전히 식지 않고 있으며 이런 것이 언제까지 지속될지 전혀 알 수 없다. 최근 발표 및 상용화된 ChatGPT-4의 플러그인은 모든 산업 분야와 융합되어 이미 안정적인 궤도에 올랐다. 이렇게 세상을 놀라게 한 ChatGPT에 대해 OpenAI는 다음과 같이 설명한다(OpenAI, 2022; 2023).

> "우리는 대화 방식으로 상호 작용하는 ChatGPT라는 모델을 훈련했습니다. 대화 형식을 통해 ChatGPT는 후속 질문에 답하고, 실수를 인정하고, 잘못된 전제에 이의를 제기하고, 부적절한 요청을 거부할 수 있습니다."

여기서 주목할 부분은 '대화 방식으로 상호작용'하는 부분인데, 실제로 ChatGPT와 대화를 나눠보면 마치 인간과 대화를 하는 듯한 착각을 일으키게 한다. 인간이 자신의 실수를 인정하고 또는 잘못된 전제에 이의를 제기하거나 부적절한 요청을 거부하는 것과 유사한 ChatGPT의 반응과 태도에 대해 반응과 태도에 대해 우리는 ChatGPT가 인간의 인식과 많이 닮아 있다고 생각한다. OpenAI는 추가적으로 ChatGPT가 기존의 InstructGPT와 서로 유사하다고 설명하면서 ChatGPT의 학습 방법이 InstructGPT와 다른 점을 비교적 자세하게 안내한다(OpenAI, 2022; 2023).

> "ChatGPT는 InstructGPT와 동일한 방법을 사용하지만 데이

터 수집 설정이 약간 다른 RLHF(Reinforcement Learning from Human Feedback)를 사용하여 교육했습니다. 감독된 미세 조정을 사용하여 초기 모델을 교육했습니다. 인간 AI 트레이너에게 대화를 제공하여 사용자와 AI 비서 양쪽을 플레이했습니다. 강사들에게 모델로 작성된 제안에 대한 액세스 권한을 부여하여 응답을 작성하는 데 도움을 주었습니다. 이 새로운 데이터 세트를 대화 형식으로 변환하여 InstructGPT 데이터 세트와 혼합했습니다. 강화 학습을 위한 보상 모델을 만들려면 품질별로 순위가 매겨진 두 개 이상의 모델 응답으로 구성된 비교 데이터를 수집해야 했습니다. 이 데이터를 수집하기 위해 AI 트레이너가 챗봇과 나눈 대화를 취했습니다. 모델 작성 메시지를 무작위로 선택하고 몇 가지 대체 완료를 샘플링했으며 AI 트레이너가 순위를 매겼습니다. 이러한 보상 모델을 사용하여 Proximal Policy Optimization을 사용하여 모델을 미세 조정할 수 있었습니다. 이 프로세스를 여러 번 반복했습니다."

결국 ChatGPT는 방대한 텍스트 데이터에 대한 학습과 인간의 피드백에 의한 강화학습을 통해 완성된 초거대 언어 모델이다. 비록 간단한 OpenAI의 ChatGPT에 대한 설명이지만 ChatGPT가 무엇인지 이해하는 데 충분히 도움이 된다. 한편, 이렇게 탄생한 ChatGPT가 근본적으로 인간에게 유익함을 줄 것인지를 둘러싸고 지금도 다양한 논의가 진행되고 있다. 같은 맥락으로 2022년 하반기 ChatGPT의 초기 등장 시점에 ChatGPT가 코딩교육에 대한 부정적인 영향을 줄 것이라는 견해를 둘러싸고 의견이 분분했지만 이에 대해 이미 '루머'라는 표현으로 일축하였다. 심지어 이 글을 통해 ChatGPT는 코딩교육을 더욱 강화할 것이라는 주장을 펼치려고 한다. 선행연구나 관련 이론 자체가 충분하지 못해 어쩌면 억지 같은 주장일 수 있지만, ChatGPT가 코딩교육을 더욱 심화시킬 것이라고 역설적인 주장을 하려 한다. 이를 위해 먼저 ChatGPT에 대해 살펴보고 이어 '코딩교육과 ChatGPT'의 쟁점 및 가능성에 대해 논하려 한다. 아울러 '코딩교육과 ChatGPT'에 대한 선행 연구가 부족한 현시점에서 이 글의 주장이나 논점에 대한 다른 해석과 견해에 대해서는 환영한다는 것을 밝힌다.

2. ChatGPT 이해하기

다소 큰 충격으로 다가온 ChatGPT는 우리에게 놀라움과 새로움을 주기에 충분했으며 나아가 인공지능에 대한 우리의 선입견을 순식간에 바꾸었다. 그것은 ChatGPT 등장 이전의 인공지능 기술들이 인간의 지능에 비해 아직은 많이 뒤처져 있었다고 생각했기 때문에 더욱 그러했다. 하지만 ChatGPT는 대화를 기반으로 반응하는 인간의 인식 과정과 매우 비슷한 것으로 평가되고 있다. 이런 맥락에서 ChatGPT에 대한 기본적인 개념 이해는 '코딩교육과 ChatGPT'에 대한 논의의 기초가 된다.

2017년에 구글은 "Attention is all you need" 논문을 통해 트랜스포머(Transformer)를 처음 발표했다(Ashish Vaswani, Noam Shazeer, Niki Parmar, Jakob Uszkoreit, Llion Jones, Aidan N. Gomez, Łukasz Kaiser, & Illia Polosukhin, 2017). RNN[3]이나 LSTM[4] 알고리즘의 한

3) 순환 신경망(RNN; Recurrent Neural Networks)으로 인공 신경망의 한 종류이며

계를 극복할 수 있다는 기대와 확신에 매우 집중하고 살펴본 자연어 처리 기술이었다. 1년 뒤인 2018년에는 OpenAI가 GPT(Generative Pre-trained Transformer) 1.0을 발표하였다(삼성SDS, 2023). 그때 당시에는 구글과 OpenAI의 두 언어 모델 중 성능이 우수한 것이 무엇일지에 대해서 궁금증이 컸다. 2018년에 GPT를 처음 접하였을 때 2022년 11월에 출시한 ChatGPT의 획기적인 업그레이드를 누구도 예측하지 못했다. 2018년 당시에 세상은 GPT를 나름의 정확도와 논리를 가진 비교적 정교한 언어 모델(번역기) 정도로 이해했다. ChatGPT-3.5가 발표되기 전까지 그저 언어에 대한 확률을 기반으로 텍스트 데이터를 번역하는 똑똑한 기계 번역기 정도로 이해했다. 하지만 2022년 11월에 거대 언어 모델(LLM: Large Language Model)[5)]의 특성을 탑재한 전무후무한 생성형 AI를 출시한 것이다. 최단기간 최대 사용자 등록은 물론 모든 부문에서 중요한 화제의 주인공이 되었다. 2018년 최초 출시 이후 GPT의 버전 및 각 버전의 특징은 다음의 〈표 8－1〉과 같다(삼성SDS, 2023).

내부에 순환 구조가 포함되어 있기 때문에 시간에 의존적이거나 순차적인 데이터(Sequential data) 학습에 활용된다.

4) 장단기메모리(LSTM: Long Short Term Memory)는 기존의 RNN이 출력과 먼 위치에 있는 정보를 기억할 수 없다는 단점을 보완하여 장단기 기억을 가능하게 설계한 신경망의 구조이다. 주로 시계열 처리나, 자연어 처리에 사용된다.

5) 거대언어모델(LLM: Large Lanaguage Model)은 기술적으로 언어 모델(LM) 중 하나이며, LM은 기계의 언어 지능을 발전시키기 위한 주요 접근 방식 중 하나이다. 하위에 통계적 언어모델(SLM: Statistic Language Model), 신경언어모델(NLM: Neural Language Model), 사전학습된 언어모델(PLM: Pre-trained Language Model), 대규모언어모델(LLM: Large Language Model)이 있다. LLM은 PLM을 확장(예: 모델 크기 또는 데이터 크기 확장)한 모델이다.

〈표 8-1〉 GPT의 버전

버전	출시일	파라미터 수(개)	특징
GPT-1	2018년 6월	1억 1천7백만	책 크롤링 비지도 학습, 지도학습기반의 Fine-tuning 학습데이터 민감도가 높음
GPT-2	2019년 2월	15억 4천2백만	WebText(800만 개의 문서, 40GB 용량) 비지도 학습과 Zero shot Learning[6)] 메타 러닝(meta learning)의 일종인 in-context-learning(사전학습 모델에 task에 대한 텍스트 인풋을 삽입)
GPT-3	2020년 6월	1,750억	Common Crawl (Web, e-book, wiki 등 753.4GB) 비지도 학습, Zero shot, One shot[7)], Few shot Learning[8)] 사람처럼 글 작성, 코딩, 번역, 요약 가능 예시를 통해 간접적으로 모델에 지시
GPT-3.5	2022년 11월	1,750억	인간 피드백 기반 강화학습 (Reinforcement Learning with Human Feedback, RLHF) 적용으로 답변 정확도와 안정성 급증 GPT-3과 달리 직접적으로 대화 형태로 지시
GPT-4	2023년 3월	1,750억~2,800억 (2030년 100조 개 추산)	모델 구조/크기, 하드웨어 정보, 데이터 및 모델 학습 방법 비공개 이미지 입력도 받을 수 있는 멀티 모달(multimodal) 기능

6) 라벨링되지 않은 새로운 클래스에 대한 분류 작업을 수행할 때, 이전에 학습된 모델을 사용하여 분류하는 기술이다. 기존의 지도 학습에서는 학습 데이터에 포함된 클래스에 대해서만 분류 작업을 수행할 수 있다.

7) One-shot learning은 few-shot learning의 극단적인 예시로, 한 장의 데이터만으로 학습을 할 수 있게 만드는 것을 말한다(Charles Blundell, Timothy Lillicrap, Koray Kavukcuoglu, & Daan Wierstra, 2016).

8) 딥러닝 모델이 인간처럼 소량의 데이터만으로 학습을 할 수 있게 하는 것을

3. 코딩교육 이해하기

코딩(프로그래밍)은 21세기의 핵심 기술 중 하나이다. 따라서 코딩은 미래 세대에게 매우 중요한 것이고 어쩌면 모든 사람이 갖추어야 할 기본 역량이다(Koyuncu Ayse Gözde & Koyuncu Baris, 2019). 코딩은 컴퓨터 프로그래밍, 문제 해결, 개별 컴퓨터 상호 작용 가능 및 컴퓨터에 의한 특정 작업 수행을 위한 다양한 명령 집합을 사용하여 응용 및 개발하는 과정이다(Business Dictionary, 2015).

스마트폰은 물론 태블릿 장비 등에 명령을 내리기 위해 메서드(함수)라고 하는 부분을 명확하게 정의하고 기기들에게 명령어를 전달하여 문제를 해결하는 것 중의 하나가 코딩이다. 컴퓨터 프로그램은 이러한 기능의 조합으로 구성되며 각 기능에는 문제를 해결하는 데 필요한 명령이 포함되어 있다. Koyuncu Ayse Gözde & Koyuncu Baris(2019)에 따르면, 컴퓨터 프로그래밍이 모든 연령대 학습자의 문제 해결 능력을 향상시킬 수 있음이 자명하고, 특히 어린 학습자를 위한 멀티미디어 활동 기반의 교육 프로그래밍 환경 개발이 필요하다(Kalelioğlu and Gülbahar, 2014). Calao 등(2015)에 따르면, 코딩(프로그래밍)의 교육적 활용은 1960년대 로고 프로그래밍 언어의 사용으로 시작되었다. 오늘날에는 Alice, Kodu, code.org 및 Scratch와 같은 응용 프로그램에서 더 보편화되었다.

컴퓨터 프로그래밍이나 코딩 교육은 학생들의 인지적 사고력을 향상시킨다. Wing(2006)에 따르면 컴퓨팅 사고력은 기본적으로 컴퓨터

Few-shot learning이라고 한다(Yisheng Song, Ting Wang, Subrota K Mondal, and Jyoti Prakash Sahoo, 2022).

과학을 사용하여 문제 해결, 시스템 설계 및 인간 행동을 이해하는 것을 의미한다. 그에 따르면 컴퓨팅 사고력은 문제 분석, 데이터 제시 및 모델링과 관련되어 있으며 모든 사람이 가져야 하는 기본 역량이라고 한다. 질문 없는 암기식 교육과 비판적 사고력을 갖춘 세대가 아닌 21세기형 능력을 갖춘 새로운 인재로 키우기 위해서는 어린 나이에 시작하는 코딩(프로그래밍)이 매우 중요하다. 코딩(프로그래밍)은 컴퓨터에 국한되지 않고 학문 간 상호작용을 제공하는 분야이다.

강신천(2018)은 컴퓨팅 사고력은 코딩 교육의 핵심이며 3가지 속성이 있다고 주장했다. 첫째, 코딩은 국어나 영어와 같은 언어적 속성이 있다. 언어가 갖는 문법이나 문맥이 정의되어 있고 그런 맥락에 맞게 명령어를 작성하여 소프트웨어를 개발한다. 둘째, 코딩은 과학이나 수학 교과에서 다루는 논리적이고 과학적인 속성이 있다. 컴퓨팅 사고에서 중요하게 다루는 상태 변화에 따른 또는 반복과 규칙에 대한 계산적 사고는 직접적으로 수학이나 과학에서 다루는 것과 크게 다르지 않다. 셋째, 코딩은 창작을 중요하게 다루는 미술이나 음악과 같은 예술 교과 속성을 띤다. 즉, 코딩은 코드 작성을 통해 주어진 문제를 해결하는 것이기 때문에 고도의 창작 과정이다.

2017년 스티브 잡스의 인터뷰, "나는 이 나라의 모든 사람이 컴퓨터 프로그래밍을 배워야 한다고 생각한다. 모두가 컴퓨터 언어를 배워야 한다. 그것은 사람들에게 생각하는 방법을 가르치기 때문이다. 나는 컴퓨터 과학을 사회 과학으로 본다. 그래서 모두가 배워야 한다."는 프로그래밍의 중요성과 필요성을 동시에 강조한다. 그리고 그는 코딩(프로그래밍)이 미래 기술 중 하나라고 덧붙였다. 21세기 사회에서 진정한 학습은 단순히 사실을 암기하고 반복하는 능력을 향상시키는 것이 아니라 정보를 수집, 구성 및 평가하여 문제를 해결하고 실제 상황에서 실용적인 아이디어를 혁신하는 새로운 기술을 사용할 수 있어야 한다(Jimoyiannis, 2010). 이러한 21세기 학습에 코딩은 필수적이다(Arda, 2011).

4. 코딩교육과 ChatGPT: 쟁점과 가능성 논의

ChatGPT와 코딩교육에 대한 기본적인 이해에 터하여 여기서는 ChatGPT를 직접 코딩교육에 접목하는 예를 찾아보고, 이를 바탕으로 제기되는 쟁점과 가능성에 대해 논한다. 코딩교육에서 '변수'는 중요하게 다뤄지는 개념 중 하나이다. 변수는 '값'을 담는 '박스'를 의미한다. 이와 같은 변수는 개념적으로 학습하는 것은 물론이고 코딩교육에서 중요하게 다뤄지는 컴퓨팅 사고력(CT: Computation Thinking)의 결과를 저장하거나 치환하는 수단으로 많이 사용한다. ChatGPT에게 관련된 질의를 생성하고 답을 요청해 보면 다음의 [그림 8-1]과 같은 결과를 얻는다.

[Prompt] "변수에 대해 설명해 주고, Python 예제 코드로 추가 설명해 줄래?"

[ChatGPT의 응답] [그림 8-1] ('참조'나 '할당'과 같은 다소 어려운 용어가 포함된 결과)

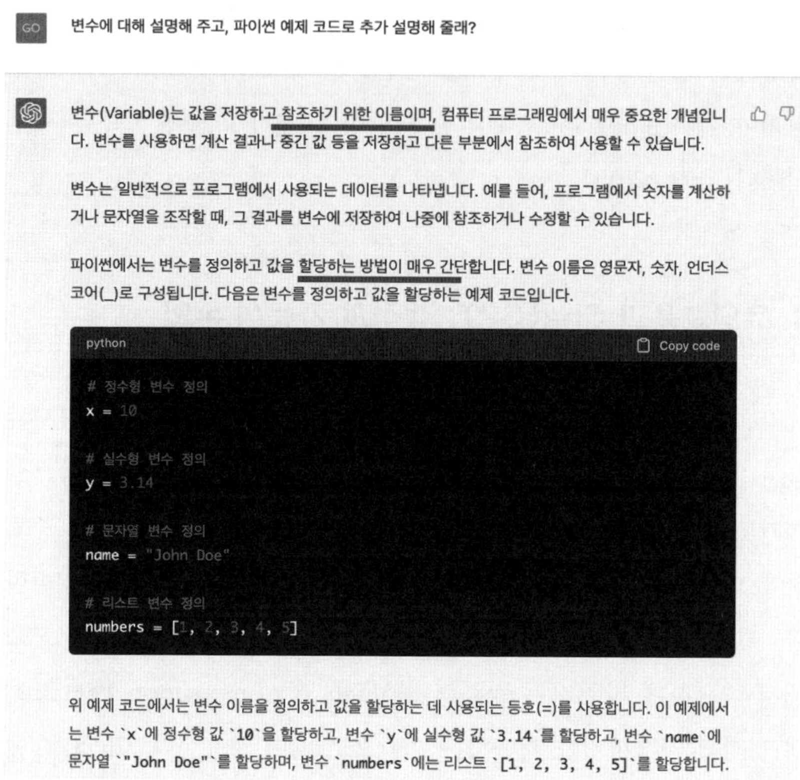

[그림 8-1] ChatGPT에게 변수에 대한 설명과 Python 예제 코드 작성 요청하기

이미 많은 사람들이 시도해 봤음직한 예제이지만 '변수'에 대한 설명과 '변수'에 대한 Python 예제 코드를 작성해서 설명해 달라는 Prompt에 대해서 놀랍게도 ChatGPT는 매우 정확한 답을 제시한다. ChatGPT가 돌려준 코드를 구글 Colab Research의 Python IDE에서 실행해본 결과 코드는 에러 없이 잘 수행되었다. 하지만 중학교 수준의 학생임을 가정할 때 Chat GPT가 제시한 '변수'에 대한 설명 중에 어려운 용어가 포함되어 있다. 예컨대, '참조'나 '할당'은 학생들로 하여금 추가적인

궁금증을 가지게 한다. 이럴 경우 '참조'나 '할당'에 대한 추가적인 설명을 요청할 수도 있지만 Prompt를 조금 수정해서 "중학교 1학년 대상으로 다시 설명해 줄래?"로 질의한 결과 '참조(reference)'의 경우 영어의 표현을 추가하고 '할당'의 경우 변화가 없었다. Prompt를 다시 수정하여 "용어가 여전히 어렵다."고 질의한 결과 '참조'의 경우 '값을 가리키는(값을 불러오는)'으로, '할당'의 경우 '저장하는'으로 좀 더 쉬운 표현을 받았다. 이러한 전체 과정은 [그림 8-2]에 제시하였다.

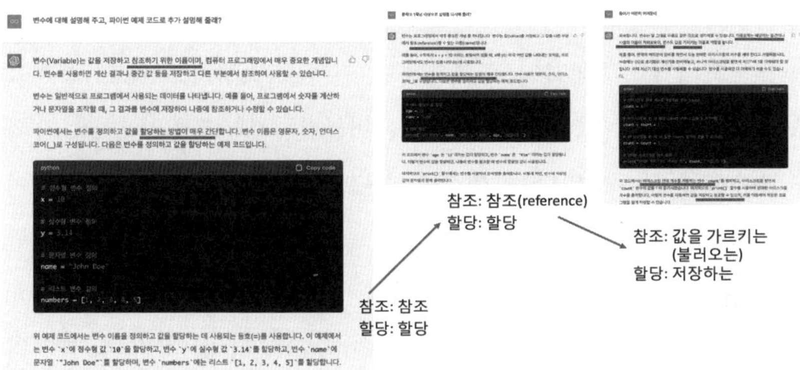

[그림 8-2] '변수'에 대한 보다 쉬운 설명을 얻기 위한 Prompt 수정 과정

코딩교육에서 ChatGPT를 사용하는 다양한 접근이 있는데, [그림 8-2]는 교사나 학생의 '궁금증 해소'의 좋은 예이다. [그림 8-2]의 Prompt 전개와 그에 따라 제시되는 결과를 보면서 "과연 코딩교육은 사라질까?" 코딩교육이 사라진다는 표현이 다소 극단적인 질문이라면, "ChatGPT로 인해 코딩교육이 약화될까?" 혹은 반대로 "ChatGPT는 코딩교육을 더욱 강화시킬까?"라는 질문도 가능하다. 여기서는 그저 질문만 제시해 보려 한다. 그것은 제시된 질문을 생각하면서 ChatGPT를 코딩교육에 활용하는 추가적인 사례를 전체적으로 살펴보기 위함이다. 제시되는 사례를 탐색한 후, 피상적으로 ChatGPT가 수행하는 우수한 성능의 결과를 미루어 짐작하는 방식으로 질문에 대한 답을 단정 짓는 것이 아니라 교사나 학생과 같은 교육 주체의 관점에서 조금 더 논의하고자 한다.

다음 사례는 ChatGPT에게 구체적인 코드 작성을 요청할 수 있다. 〈표 8-1〉을 참조하면, 웹상의 텍스트 자료 중 Python과 관련된 데이터에 대해 충분히 학습한 것으로 볼 수 있다. 따라서 ChatGPT는 Python과 같은 구체적인 프로그래밍 언어를 명시하고 코드 작성을 요청할 수 있다. 이런 점에서 많은 사람들은 코딩 교육을 ChatGPT와 협업하면서 할 수 있다는 생각을 한다. [그림 8-3]을 통해 사람이 작성한 코드와 ChatGPT가 작성한 코드를 서로 비교할 수 있다. [그림 8-3]은 1부터 100까지 자연수의 합을 구하는 비교적 간단한 Python 코드이다. 작성한 코드를 간단히 요약하면 1부터 입력된 100까지의 합을 구해서 결과를 돌려주는 함수 addAllNumbers를 이용하는 코드이다.

```
tot = 0
for i in range(1, n+1):
        tot += i
print (tot)
```

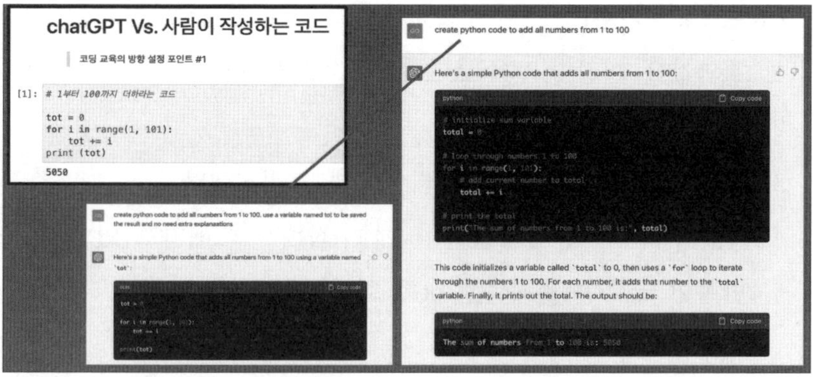

[그림 8-3] 1부터 100까지 더하는 사람이 작성한 코드와 ChatGPT가 작성한 코드의 비교

사용하는 변수명과 화면에 출력하는 문구의 차이가 다소 있지만 ChatGPT는 정확히 사람과 일치하는 Python 코드를 작성한다. 물론 보다 복잡한 코드 작성 요청에 대해서 약간의 에러를 수반하기도 한다. 그러나 에러 코드를 수정해 달라는 요청을 지속적으로 하면 코드를 완성해 나간다. 사람의 개입 과정에서 해당 코드와 관련된 전문성이 점점 필요한 부분이다. 물론 이 사례에서도 교사나 학생이 어느 정도 깊게 그리고 어떻게 ChatGPT와의 협업에 개입하는가의 문제와 그러한 과정에서 교사나 학습자가 어떤 전문적인 지식과 이해가 필요한지에 대한 논의가 필요하다.

다음 사례는 코딩교육에서 중요하게 다뤄지는 평가에 대한 것이다. 교사는 학생이 작성한 코드에 대한 평가와 그에 기초한 개별 피드백이 필요하다. 이런 부분에 ChatGPT를 활용할 수 있다. [그림 8-4]는 학생이 작성한 코드에 대해 평가를 질의하는 사례이다. ChatGPT에게 평가를 진행하기 위해 구체적인 평가 기준을 Prompt로 입력한다. [그림 8-4]에서 제시한 코드 평가 기준은 다음과 같다.

[코드 평가 기준]

1. 결과값을 저장할 변수로 tot를 초기화했나?
2. for문을 사용했나?
3. iteration되는 range를 1부터 100까지 설정했나?
4. i 값이 1부터 증가하면서 tot에 누적해서 더해지고 있나?
5. 반복이 끝나면 결과 값 tot를 화면에 출력했나?

앞서 제시된 [코드 평가 기준]과 함께 학생이 작성한 코드를 Prompt에 모두 입력해서 ChatGPT에게 질의하면 ChatGPT는 [그림 8-4]와 같은 결과 값으로 반응한다.

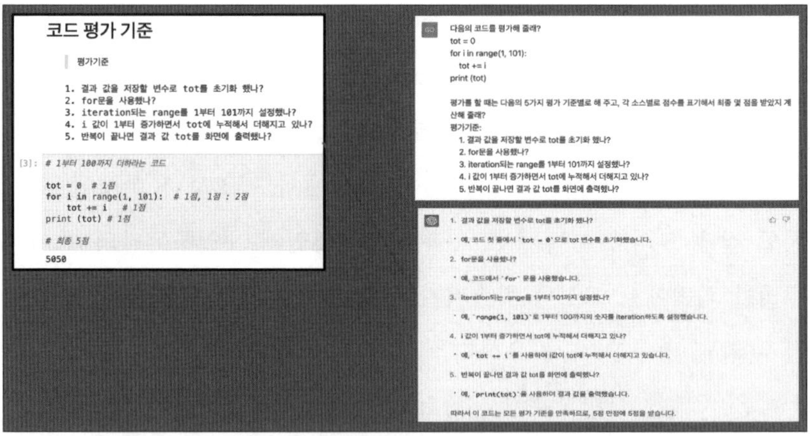

[그림 8-4] 학생이 작성한 코드에 대한 평가에 ChatGPT 활용

ChatGPT는 비교적 정확하게 학생이 작성한 코드를 주어진 기준에 따라서 평가한다. 특히 Prompt에 입력한 각각의 평가 기준에 따라

꼼꼼하게 평가하는 것을 볼 수 있다. ChatGPT로 입력된 루브릭에 따라서 평가를 수행하고 그 결과를 돌려받음으로써 교사의 평가 업무 지원 또는 협업은 물론 코딩 학습에 대한 자기주도학습의 가능성도 높이는 대목이다. 하지만 '평가'의 관점에서 중요하게 다뤄야 할 부분은 학생이 직접 코드를 작성했는가에 대한 부분과 생성형 AI의 도움을 받아 코드를 작성하는 것이 문제가 되는가에 대한 부분이다. 이 두 가지 부분에 대해서 빠르게 단정하기보다는 시간을 두고 논의할 여지가 있어 보이기에 여기서는 문제만 제기하는 것으로 한다. 특히 인공지능과의 협업을 강조하는 입장에서 신중히 판단해야 할 부분이라고 생각한다.

교과서에 제시된 코드 작성 부분을 ChatGPT는 어떻게 하는지 시도해 보았다. 교과서에 제시된 문제는 1부터 30까지 번호로 구성된 리스트의 발표 순서이며 이 순서를 섞어서 화면에 출력하는 비교적 간단한 코드이다. 사람이 직접 이 코드를 Python 언어로 작성하면 다음과 같다.

```
import random
nums = [x for x in range(1,31)]
random.shuffle(nums)
print('발표순서는')
print (nums)
```

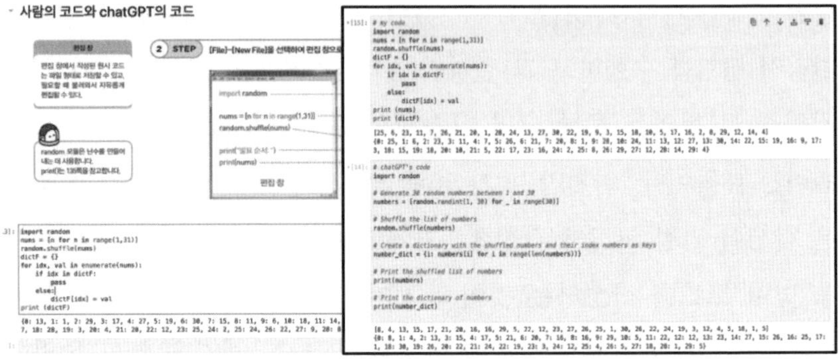

[그림 8-5] 학생이 작성한 코드에 대한 평가에 ChatGPT 활용

[그림 8－5]에 ChatGPT에게 질의한 Prompt가 없지만 간단히 제시하면 "1부터 30까지 숫자로 구성된 리스트를 생성해서 nums 변수에 저장하고, 리스트의 값을 임의로 순서 배정을 해 주는 Python 코드 작성"과 같다. 결과적으로 ChatGPT는 코드의 행간에 주석을 포함해서 정확한 코드를 생성한다. 예시와 같이 현행 중 · 고등학교 교과서에 나오는 대부분의 코드를 ChatGPT가 비교적 정확하게 작성해 주는 것을 확인했다. 교과서의 예제를 ChatGPT와 함께 코드로 작성해 보면서 코드에 대한 추가적인 질의는 물론 교과서에 나오지는 않는 내용에 대한 질문을 하거나 추가적인 코드 작성을 이어갈 수 있다. 이런 점은 ChatGPT를 활용하는 것의 장점이다.

코딩교육의 핵심은 컴퓨팅 사고이다. 컴퓨팅 사고는 초기에 컴퓨터 과학자들이 프로그래밍을 하거나 컴퓨터과학 분야에서 문제를 해결하기 위해 필요한 계산적 사고에서 출발했다(Jeannette M. Wing, 2006; Karl Beecher, 2017). 컴퓨팅 사고 과정에 대해서 다양한 버전이 있지만 대체로 [그림 8－6] Wing(2006)의 개념이 코어다. 대체로 크고 복잡한 문제를 해결하기 위해 하나의 상태에서 다른 상태로 변화가 일어날 때 주로 컴퓨팅 사고를 거치게 되는데 포인트는 큰 문제에 대한 단위 문제는 사람이 직접 계산하고 해결할 수 있지만 반복이나 계산량이 많아져서 복잡도가 높아지면 코드를 작성해서 컴퓨터에게 시켜야 한다는 것이다. 정확히 정합하는 것은 아니지만 1부터 100까지 더하는 문제를 가지고 ChatGPT에게 컴퓨팅 사고의 과정별로 질의를 해 보았다. ChatGPT는 컴퓨팅 사고의 과정별로 비교적 정확한 답을 제시한다.

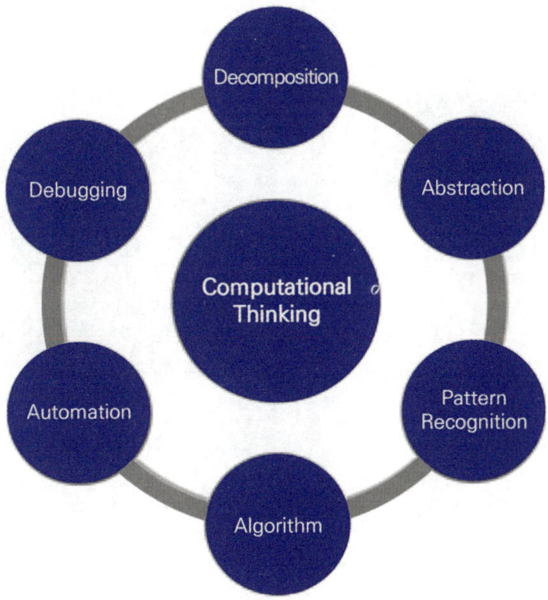

[그림 8-6] 컴퓨팅 사고의 과정(Wing, 2006)

[그림 8-7] ChatGPT가 생성한 문제분해-추상화-패턴인식-알고리즘의 결과

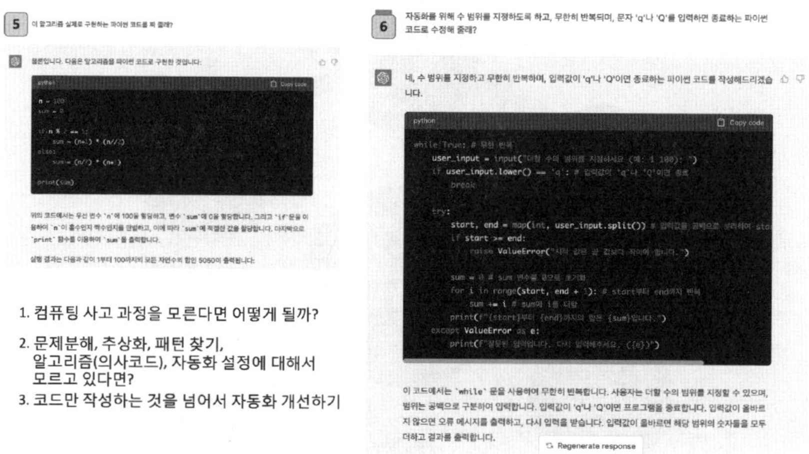

[그림 8-8] ChatGPT가 생성한 자동화 코드([5] 기본코드, [6] 자동화)

[그림 8-8]은 ChatGPT가 작성한 자동화 코드이다. 5번은 기본적인 코드를 통해 1부터 100까지 숫자를 더하는 코드이다. 이 코드의 경우 한번 실행하면 종료하는 문제가 있다. 따라서 6번 코드와 같이 시작과 끝이 있고 무한히 반복되는 방식의 완전한 자동화 코드로 구

현이 필요하다. ChatGPT는 이런 질의에도 정확하게 코드를 생성한다. 1부터 6까지의 과정을 거치면서 Prompt를 생성하는 학생은 무엇을 알고 있어야 할까라는 질문을 하면 당장 컴퓨팅 사고에 대해서 먼저 알고 있어야 한다는 답을 떠올린다. 어쩌면 이런 점은 ChatGPT로 코딩교육이 약화되는 것이 아니라 심화 필성된다는 근거가 된다. 즉, 질의를 하려면 더욱 깊은 지식을 알아야 하고 이는 나선형같이 점점 심화되는 특징이 있다.

코딩교육과 ChatGPT를 접목하는 마지막 사례는 '창의융합적인 문제 해결 관점'에서 시도되었다. 다음의 [그림 8-9]는 2016년에 영국이 주도하여 실시한 비버챌린지의 문항 중에서 비교적 난도가 낮은 문항이다. 학생들은 이 문제를 풀기 위해 컴퓨팅 사고는 물론 창의융합적인 사고 력을 발휘해야 한다.

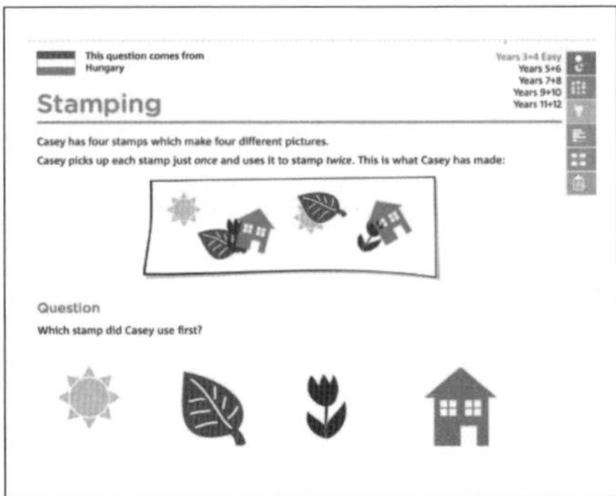

[추상화]
1: 태양, 2: 나뭇잎, 3: 튤립, 4: 집
(1), (2,3,4), (1,2), (3,4)
[Prompt]
입력된 튜플이 (1), (2,3,4), (1,2), (3,4)이고 각 튜플의 첫 번째 값이 가장 우선순위가 높은 값일 때 이들 모든 튜플을 고려하면 가장 우선순위가 높은 값은?

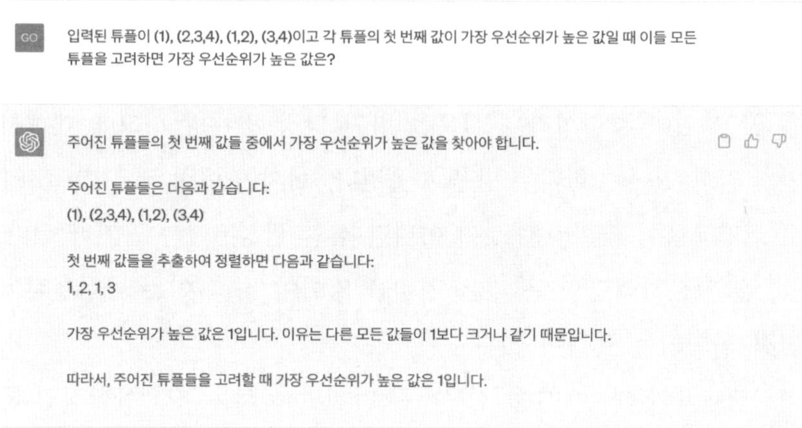

[그림 8-9] 창의융합적인 문제 해결을 위한 코드 작성에 ChatGPT를 활용한 사례

[그림 8-9]에서 튜플과 같은 용어를 굳이 사용하지 않아도 원하는 결과를 얻을 수 있지만 가장 쉽게 접근하는 방법 중 하나가 도장을 찍은 상태를 튜플로 표현하는 것이고 이를 활용하여 Prompt를 생성할 수 있다. 학습자는 코딩에 대한 깊은 지식을 가질수록 ChatGPT와의 협업을 더욱 정확하게 할 수 있다. 또한 튜플을 사용한 상태 표현 이전에 학습자는 [그림 8-9]의 '추상화'와 같이 컴퓨팅 사고를 이해하고 컴퓨팅 사고에 익숙해야 한다. 이런 점에서 ChatGPT와의 협업 과정이 많아질수록 학습자의 코드 지식은 점점 심화된다.

지금까지 코딩교육의 몇몇 측면에서 ChatGPT 활용 가능성에 대해서 알아보았다. 탄소 배출과 지구 온난화의 측면에서 ChatGPT 사용 급증에 대해 부정적 견해가 기사에서 빈번하게 다뤄졌다. 하지만 이 글은 기본적으로 ChatGPT의 부정적 영향보다 적극적으로 사용하여 얻는 긍정적인 면이 많다는 데 동의한다. 코딩교육도 마찬가지다. 결론적으로 ChatGPT는 코딩교육에 큰 장점을 제공한다. 코딩교육에서 ChatGPT는 컴퓨팅 사고에 대한 다양하고 창의적인 아이디어와 제안 사항을 생성한다. 이는 학생들이 새로운 방향의 사고는 물론 ChatGPT와의 협업을 통해 문제를 해결해 나가게 할 수 있다. 이러한 과정에서 교사는 학습자가 ChatGPT에게 전적으로 의존하는 것을 어떻게 코치할 것인지 구체적인 전략과 충분한 고민이 필요하다.

앞서 언급했듯이 코딩교육에서 ChatGPT 활용의 쟁점은 학습자가 ChatGPT로 과제를 대신해서 해결하는 것이다. 하지만 학습자가 ChatGPT를 사용하는 과정에서 전혀 학습이 없는가를 따져 보는 것과 과제를 해결하는 방식 자체를 수정할 경우 충분히 해결할 수 있는 쟁점이다. 예컨대, 어떤 문제를 해결하기 위한 단순한 코드 작성 과제보다는 코드 작성의 과정(점진적 코드 작성)이 있는 문제를 다루거나 또는 ChatGPT와 협업하는 코드 작성을 포함하고 그렇게 해서 얻은 결과에 대해서 친구들과 서로 살펴보고 의견을 나누는 과정을 넣는 것은 좋은 해결책이다. 이렇게 하면, ChatGPT는 학생의 훌륭한 학습 파트너가 된다.

서두에서 ChatGPT로 인해 코딩교육이 약화되거나 심지어 사라질 것이라는 문제제기로 시작했다. 중간중간에 이 문제 제기와 관련하여 ChatGPT는 코딩교육을 더욱 심화시킬 것이라는 주장을 하였다. 요약하면, ChatGPT를 활용해 원하는 결과를 얻기 위해서는 Prompt를 명확하게 생성하여 질의하는 것이 중요하다. 정확한 Prompt 생성을 위해 코딩교육에서 다루는 프로그래밍 언어나 컴퓨팅 사고나 컴퓨터 과학과 관련된 전문 지식을 점점 깊이 있게 알아가게 된다. 처음 사용하거나 코딩교육 내용을 처음 접하는 학생이라 하더라도 초기의

Prompt는 점점 심화될 것이며 심화된 Prompt는 전문 지식을 기반으로 작성되어 나갈 것이 분명하다. 이런 일련의 과정을 두고 코딩교육이 필요 없다는 해석과 코딩교육은 더욱 심화될 것이라는 해석 간에 견해차가 있다. 학습자의 자기주도학습도 필요하지만 공교육의 정보과목이나 기타 ChatGPT를 사용하는 모든 과목에서 ChatGPT 사용을 위해 Prompt를 생성하는 기초적인 방법부터 심화된 Prompt 생성에 대해서 체계적으로 배우는 것이 필요하다. 어쩌면 가르치고 배우는 대상이 늘어나는 개념이지 ChatGPT로 인해 코딩교육이 사라질 것이라는 극단적인 전망을 하기에 많은 무리가 따른다. 또한 ChatGPT의 가정 큰 쟁점인 윤리적인 이슈(과제 해결, 복사의 문제, 수동적 학습자의 문제 등)를 고려하여 교수학습과정이나 평가를 설계하는 것도 중요하다.

5. 결론: 미래교육을 위한 고려사항

'코딩교육과 ChatGPT' 주제 논의의 결론은 미래교육을 위해 무엇을 고려해야 하는지에 대한 것이다. 먼저, 코딩교육을 위해 ChatGPT를 도입할 것인가에 대한 가능성과 쟁점 측면 논의이다. ChatGPT 사용을 정규 교육에 본격적으로 사용하는 것에 대해 한국을 포함하는 많은 국가들에서는 다소 신중한 태도를 보이고 있다. 특히 교수자와 학습자의 입장에서 다양한 가능성과 쟁점에 대한 논의가 끊이질 않는다. 앞서 언급한 바와 같이 학습자의 관점에서 가장 큰 쟁점은 ChatGPT의 도움을 받아 학습과제를 해결하는 것이 정당한가 하는 부분과 부정행위에 사용하는 것에 대한 우려가 높다. 여기에 더하여 ChatGPT가 학생들의 창의성, 능동적인 학습 과제 수행이나 교육 활동 전개를 방해하여 결국에는 ChatGPT에 대한 의존도가 높아져 나약한 학습자를 만들 것이라는 우려가 어쩌면 가장 큰 쟁점 사항이다. 여기에 추가적으로 잠재된 쟁점이 있는데, 교사나 학생이 만들어 질의하는 Prompt 자료와 정보 자체에 대해서 ChatGPT가 학습하는 것이 어쩌면 큰 이슈가 될 수 있다. 이 부분을 장점으로 볼 수도 있지만 개인 정보를 포함한 민감한 자료와 정보에 대해 의도치 않게 ChatGPT가 학습하여 개인정보 유출의 문제를 일으킬 수 있다. 미국의 초·중등학교에서는 ChatGPT 사용을 금지하는 학교가 늘고 있는데, 앞서 제시한 쟁점 요인이 가장 큰 이유다. 한 예로, 시애틀 지역의 교육청은 아예 교육청 산하의 모든 학교에서 ChatGPT 사용을 금지한다고 발표하였다. LA의 통합교육구는 관련 사이트 자체를 아예 차단했다. 하지만 이런 미국의 분위기와 달리 남호주에서는 ChatGPT 사용을 허용한다고 밝혔다. 또한 영국 중심으로 활성화되어 있는 국제 바칼로레아(IB: International Baccalaureate)[9]의 경우 학생들의 답안 작성에 ChatGPT 사용을 허용하는 것을 밝혔다. 이런 구체적인 사례가 있지만 방향성이 엇갈리고 있어서 한국에서는 ChatGPT 사용에 대해서 여전히 논의가 뜨겁다.

논의가 뜨거운 이유는 우려에 반해 ChatGPT의 교육적 활용이 주는 장점이 더 많기 때문이다. 코딩을 포함한 모든 분야에 대해 ChatGPT

9) 국제바칼로레아(IB: International Baccalaureate)는 1968년에 스위스 제네바 기반으로 설립된 교육기관이다. 국제 바칼로레아는 3살부터 19살까지의 학생들에게 3가지의 교육 프로그램을 제공한다.

는 요청하는 질의에 대해서 빠르게 답을 찾아주거나 추천해 주고 있으며, 이는 인간에게 만족감을 주기에 충분하다. 물론 학습 데이터의 한계로 인해 그럴싸한 근거를 포함시켜 가짜의 정보나 자료를 생성[10)] 하는 경우도 있지만 대체로 만족하는 답을 얻는 경우가 더 많다. 정확히는 만족한 답을 얻을 때까지 연결된 질의를 지속적으로 하면서 원하는 결과를 찾아간다는 표현이 더 적절하다. 이런 과정은 인간과 인공지능의 협업을 적절히 보여주는 과정이다. 이런 경험을 통해 학습자는 질문하는 능력이 생기는데 이는 알고리즘 사고나 컴퓨팅 사고 과정과 유사하며 사고력을 기르는 관점에서 결국에는 학습자에게도 큰 장점이 된다. 따라서 공교육의 틀 내에서 코딩교육을 완결하기 위해 그리고 현업에서 요구하는 코딩 작성 능력이 있는 인재를 양성하는 기초 교육을 위해 ChatGPT를 사용하는 내용, 전략, 방법 등의 측면에서 다양한 연구나 교육 현장에서의 수업 설계 및 실행을 중심으로 하는 현장 연구가 필요함을 제안한다.

다음은 코딩교육을 포함한 모든 교과 교육의 미래를 위해 국가 교육과정과 ChatGPT와 같은 생성형 AI를 연계하는 것에 대한 논의이다. 지난 2022년 하반기에 2022년 개정 교육과정을 고시하였다. 코딩교육과 관련된 교육과정 부분은 정보과 교육과정이며, 이 교육과정에 중학교는 필수 교과로 고등학교는 일반선택 교과목으로 '정보'라는 과목이 포함되어 있다. 현행 정보과를 포함한 모든 교과목의 교육과정은 구체적인 내용체계와 성취기준을 제시하고 있을 뿐만 아니라 그 범위를 제한하고 있다. 하지만 학습자가 ChatGPT와 같은 생성형 AI

10) 이런 이유로 ChatGPT가 생성하는 결과에 대해서는 전적으로 Prompt를 생성한 인간의 책임하에 검증되고 활용되어야 한다.

를 본격적으로 사용해서 학습하거나 과제를 해결하는 것을 고려하면, 내용체계와 성취기준에 제한을 두는 것이 사실상 무의미하다. 즉, 파편적인 지식이나 기능에 대한 학습을 ChatGPT의 도움을 받아 진행할 경우 학습자는 교육과정이나 교과서에 한정된 학습을 진행하기보다는 끝이 없는 심화 학습을 이어갈 수 있다. 즉, 학습자가 넣은 질의에 대해 생성된 지식이나 정보를 기반으로 2차, 3차 또는 그 이상의 질문과 답을 주고받는 사이 교육과정이나 교과서의 범위 제한은 쉽게 무너진다. Bloom의 Taxonomy에서 제시한 지식(기억)이나 이해와 같은 영역에 대해서는 생성형 AI와 학습자가 협업하여 학습하는 것이 학습자의 입장에서 유리하고 효과적이다. 물론 고시된 교육과정을 다시 수정하거나 개정하는 것이 현실적으로 어렵지만 교육과정을 실제로 운영하는 학교에서는 이런 점을 충분히 고려하여 수업을 설계하고 실행할 필요가 있다.

글을 마무리하며 코딩교육의 관점에서 ChatGPT를 연계하는 것의 장점이 단점보다 훨씬 많다는 결론을 다시 한번 명확히 밝힌다. '정보'를 담당하는 교사는 물론 다른 교과목에서도 컴퓨팅 사고나 코드 작성으로 문제를 해결할 경우 교사와 학습자가 보다 적극적으로 ChatGPT와 협업할 것을 제안한다. 향후 이는 선택이 아니라 필수적인 활동이 될 것으로 전망한다. 아울러 K12 교육과정 개정이나 개발의 범위를 '유 · 초 · 중 · 고'로 한정하기보다는 평생교육의 관점으로 그 범위를 넓혀 미래교육과정을 준비하는 것이 필요하다. 그것은 인공지능의 도움으로 학습 범위나 경계가 허물어지고 교육과 실천의 범위가 보다 넓어질 것이기 때문이다. 끝으로 이 글이 ChatGPT를 활용하여 코딩교육(학습)을 하려는 교사 및 학생에게 실질적인 방향 안내가 되었기를 바라며 동시에 ChatGPT 도입에 대해 신중한 부분이 무엇인지 생각하는 기회와 그와 관련한 아이디어가 촉발되었기를 바란다.

6. 질의응답

질문	교육과정에서 활용하기 위한 데이터베이스를 공개하는 것에 대해 어떻게 생각하시는지 궁금합니다.
대답	교육과정의 범위가 넓고 교육과정과 관련된 데이터베이스의 종류 또한 다양해서 이런 답변을 해 봅니다. 1. 국가수준 교육과정(최근 2022년 개정 교육과정 고시) 자체가 데이터베이스가 될 수 있습니다. 국가수준의 교육과정이 데이터베이스가 되어서 교사에게도 제공되고 Langchain과 같은 프레임워크와 함께 활용되어 교사나 학생에게 교육과정에 대한 궁금증을 해소하거나 필요한 정보를 찾아주는 등이 가능하기 때문에 이는 공개해도 되며 공개하는 것이 좋다고 생각합니다. 이미 국가교육과정정보센터에서는 통문서로 작성된 pdf/hwp 파일을 제공하고 있습니다. 2. 단위학교에서 진행되는 교수학습을 포괄적으로 교육의 과정으로 볼 수 있고 이러한 과정에서 생성되는 다양한 정보가 데이터베이스로 축적되어 있다는 전제에서(온라인 학습 콘텐츠가 많고 이를 활용하면 교사나 학생의 learning history가 데이터베이스에 저장되고 있음) 공개 여부를 생각해 보았습니다. 우려되는 부분 중의 하나가 수업이나 학습에 대한 상세 정보를 타 교사나 학생이 열람, 활용하는 부분에서 서로의 비교나 악용의 소지가 일부 있다고 생각됩니다. 따라서 이 부분은 공개를 하고자 하는 교사/학생이 스스로 판단하여 공개 여부를 결정하는 것이 좋다고 생각합니다. 3. 단위학교에서 작성하는 학교교육과정운영계획서 같은 것도 포괄적으로 교육과정이라고 할 수 있고, 이와 관련된 데이터베이스를 공개하는 부분입니다. 이 질문을 받고 학교교육과정운영계획서를 찾아보았지만 데이터베이스로 관리하고 있지 않은 것으로 판단되었습니다. 대학교육의 경우 캔버스나 블랙코드 같은 LMS를 사용하면 데이터베이스화가 자동으로 되지만 아직 K-12단계에서는 그렇지 못합니다. 따라서

<table>
<tr><td></td><td>pdf/hwp와 같은 서지 파일 형태로 공개되고 있습니다. 포인트는 이들이 공개되고 있다는 점입니다. 따라서 이 부분은 데이터베이스화하고 이를 공개하는 것이 가능하다고 봅니다. 이럴 경우 챗봇을 이용해서 궁금증을 질문하거나 현업을 수행하는 과정에서 정보를 열람하거나 가공할 수 있을 것으로 판단됩니다.</td></tr>
<tr><td>질문</td><td>ChatGPT의 답변을 보면 수학에 오류들이 많고, 영어 관련해서는 문법적인 오류가 많이 발견됩니다. 어떻게 해결할 수 있을까요?</td></tr>
<tr><td>대답</td><td>최근 ChatGPT-4가 함께 제공되고 있으며 특징은 wolfram과 같은 개별 엔진이나 플랫폼에 Plugin을 제공하여 서비스되고 있어서 질문에 대해 상당히 해결하고 있다는 것입니다.
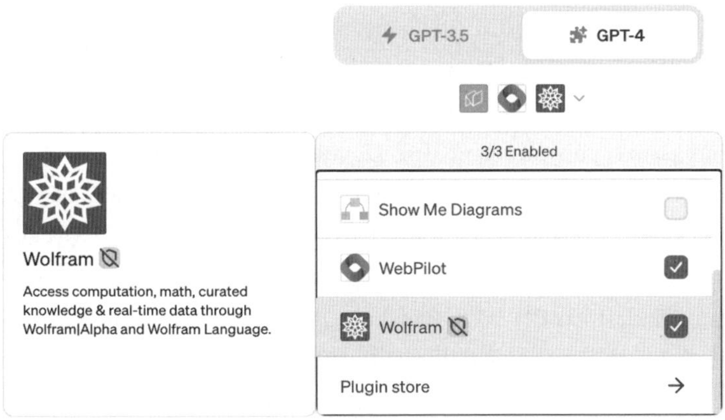
</td></tr>
</table>

참고문헌

강신천 외 (2018). 국내·외 초·중등학교 SW교육 현황 분석. 2018년 한국컴퓨터교육학회 하계 학술대회 발표 논문집.

김대식, 챗GPT (2023). 챗GPT에게 묻는 인류의 미래. 동아시아.

삼성SDS (2023). ChatGPT 기술 분석 백서 - 1부 ChatGPT란. 삼성SDS 인사이트리포트.

Arda, D. (2011), "Kodlama Teorisinin Kriptografik aç ı dan İncelenmesi", trakya üniversitesi fen Bilimleri Enstitüsü Yay ı nlanmama ı ş Doktora tezi, Edirne.

Ashish Vaswani, Noam Shazeer, Niki Parmar, Jakob Uszkoreit, Llion Jones, Aidan N. Gomez, Łukasz Kaiser, & Illia Polosukhin (2017). Attention is all you need. arXiv:1706.03762 [cs.CL].

Athanassios Jimoyiannis (2010). Developing a Technological Pedagogical Content Knowledge Framework for Science Education: Implications of a Teacher Trainers' Preparation Program. Proceedings of Informing Science & IT Education Conference (InSITE) 2010.

Ayse Gözde KOYUNCU & Bar ı s KOYUNCU (2019). The Universal Skill of 21st Century, Coding and Attitude of Secondary School Students towards Coding. Journal of Language Teaching Research Quarterly, 68-80.

Business Dictionary (2015). Term: Coding.

Charles Blundell, Timothy Lillicrap, Koray Kavukcuoglu, & Daan Wierstra (2016). Matching Networks for One Shot Learning. arXiv:1606.04080 [cs.LG]

Kalelioğlu and Gülbahar (2014). The Effect of Instructional Techniques on Critical Thinking and Critical Thinking Dispositions in Online Discussion. J. Educ. Technol. Soc.

Karl Beecher (2017). Computational Thinking. This publication at O'Reilly.

Luis Alberto Calao, J. Moreno-León, Heidy Ester Correa, and Gregorio Robles (2015). Developing Mathematical Thinking with Scratch An

Experiment with 6th Grade Students. Conference paper. This publication at: https://www.researchgate.net/publication/282861505

Maria Csernoch (2017). Thinking Fast and Slow in Computer Problem Solving. Journal of Software Engineering and Applications, Vol.10 No.1.

OpenAI (2023). Learn about ChatGPT. OnLine available at GPT-3.5/GPT-4 (openai.com).

Wing (2006). Computational Thinking. Vol. 49, No. 3 COMMUNICATIONS OF THE ACM.

Working Group for UK Bebras Computational Challenge 2015 (2016). The UK Beberras Computational Thiking Challenge.

Yisheng Song, Ting Wang, Subrota K Mondal, and Jyoti Prakash Sahoo (2022). A Comprehensive Survey of Few-shot Learning: Evolution, Applications, Challenges, and Opportunities. arXiv:2205.06743 [cs.LG].

찾아보기

편집자

임철일
서울대학교 교육학과 교수, 서울대학교 학습과학연구소 미래교육혁신센터 센터장

홍수민
서울대학교 교육학과 박사수료, 서울대학교 학습과학연구소 미래교육혁신센터 연구원

채지윤
서울대학교 교육학과 박사과정, 서울대학교 학습과학연구소 미래교육혁신센터 연구원

저자약력

1. 임철일

林哲一 / Cheolil Lim

[학력] 서울대학교 사범대학 교육학과(학사) / 서울대학교 대학원 교육학과(교육사회학전공 석사) / 미국 인디애나 대학교 대학원 교수체제공학과(교육공학전공 박사)

[경력] 교원의 AI・디지털 역량 강화를 위한 AIEDAP 사업 지원
AI · 디지털 역량 강화를 위한 중등 예비 교원 양성 체제 개선
구글 크롬북의 효과성 평가연구

[현재] 교육부 AIEDAP 교원 AI 디지털 역량 강화 사업단장
서울특별시교육청 원격수업지원위원회 위원
한국대학교육협의회 「고등교육」 편집위원회 위원
서울대학교 학습과학연구소 미래교육혁신센터 센터장
한국교육공학회 이사 (교육정보미디어학회 이사)
국방부 정책자문위원회 자문위원
서울대학교 교육학과 교수

2. 강신천

姜信天 / Shinchun Kang

[학력] 부산교육대학교 교육학과(학사) / 한국교원대학교 대학원 교육학과(교육과정전공 석사) / 한국교원대학교 대학원 교육학과(교육공학전공 박사)

[경력] 창의인성교육센터 소장
한국교육과정평가원 연구위원
창의인성모델학교지원사업단 단장
2022년 개정 교육과정 각론조정위원

[현재] 인공지능융합교육연구소 소장
정보교육네트워크사업단 단장
국립공주대학교 컴퓨터교육과 교수
국립공주대학교 인공지능융합교육대학원 전공주임

3. 박전규

朴典奎 / Jeon Gue Park

[학력] 배재대학교 대학원 정보통신공학과 (인공지능전공 박사)
[경력] 1991. 1.~1998. 8. 한국과학기술연구원 선임연구원
1998. 8.~1999.12. 한국전자통신연구원 선임연구원
2000. 1.~2001. 2. L&H Korea Director (Head)
2001. 3.~2002. 3. Carnegie Mellon University 객원연구원
2002. 4.~2004. 4. 동아시테크(주) 기술연구소장/이사
2004. 4.~2022. 6. 한국전자통신연구원 연구위원(실장)
[현재] 2022. 4.~현재 서울대학교 객원연구원
2022. 6.~현재 ㈜튜터러스랩스 CEO

4. 성민창

成玟昌 / Min-Chang Sung

[학력] 서울대학교 사범대학 영어교육과(학사)
서울대학교 외국어교육과 영어전공(석사 & 박사)
[경력] 경인교육대학교 교육전문대학원 부원장, 경인교육대학교 기획부처장,
경인교육대학교 국제교류센터 소장, 정신여자중학교 영어교사
[현재] 경인교육대학교 영어교육과 부교수, 글로벌교사교육(석사) 전공주임,
AI융합영어교육(석사) 운영위원, IB초등교육(석사) 운영위원

5. 송석리

宋錫理 / Sukree Song

[학력] 공주대학교 사범대학 컴퓨터교육과(학사)
[경력] 2005~2016 선린인터넷고 교사
2016~2021 한성과학고 교사
[현재] 2021~현재 서울고 교사
2020~현재 서울대 사범대학 강사
2021~현재 교육부 교육빅데이터위원회 위원
2022~현재 교육부 AIEDAP 총괄위원회 위원
2022~현재 서울특별시교육청 AI융합교육 자문위원회 위원
2022~현재 재단법인 카카오임팩트 이사
2022~현재 코딩하는 선생님들의 커뮤니티, 쪼랩(zzolab) 운영진

6. 조규락

曺圭樂 / Kyoo-Lak Cho

[학력] 서울교육대학교 교육학과(학사)
미국 Univ. of Missouri-Columbia (Educational Technology, MED)
미국 Pennsylvania State Univ. (Instructional Systems, PHD)
[경력] 서울수유초등학교 교사
한국직업능력개발원 전문연구원
서울대학교, 이화여자대학교, 한양대학교, 서울교육대학교 등 강사
[현재] 한국교육공학회 이사, 한국교육정보미디어학회 이사
영남대학교 교육학과/동 대학원 교수
영남대학교 대학원 디지털융합비즈니스학과 교수
영남대학교 교육대학원 AI빅데이터융합교육전공 교수

7. 최숙영

崔淑英 / Sookyoung Choi

[학력] 전북대학교 전산통계학과(학사) /전북대학교 전산통계학과(전산학전공 석사)/충남대학교 전산학과(전산과학전공 박사) /Nova Southeastern University(Instructional Technology & Distance Education, Ed. D.)
[경력] 2021. 7.~교육부 교원양성대학 AI 교육 역량강화 지원단 전문 위원
2021. 9.~2023. 2. 교육부 교육과정심의회 참여위원회 위원
2019. 3.~2023. 2. 한국컴퓨터교육학회 부회장
[현재] 우석대학교 정보보안학과 교수

8. 황요한

Yohan Hwang

[학력] 경북대학교 사범대학 과학교육학부(학사) / 경북대학교 대학원 과학교육학과(교육학 석사) / 경북대학교 대학원 과학교육학과(교육학 박사)
[경력] 서울대 교육종합연구원 책임연구원, 성균관대학교 공학연구원 선임연구원, 충남대학교 발명교사교육센터 박사후연구원, 이화여자대학교 과학교육과 박사후연구원 기간 동안 다수 연구책임 수행
[저서] 함께 해보는 과학기술 쟁점해결과 실천 ENACT 프로젝트(2022) 외 다수
[현재] 서울여자대학교 교양대학 조교수

서울대학교 미래교육혁신센터 학술 총서

미래교육의 방향과 실제 I

2024년 1월 25일 1판 1쇄 인쇄
2024년 1월 31일 1판 1쇄 발행

저 자 : 임철일, 강신천, 박전규, 성민창
송석리, 조규락, 최숙영, 황요한

발행인 : 한 정 주
발행처 : 교 육 과 학 사

저자와의
협의하에
인지생략

경기도 파주시 광인사길 71
전화 (031)955-6956~8 / 팩스 (031)955-6037
Home-page: www.kyoyookbook.co.kr
E-mail: kyoyookbook@daum.net,
kyoyook@chol.com
등록: 1970년 5월 18일 제2-73호

낙장 · 파본은 교환해 드립니다.
Printed in Korea.

정가 14,000원
ISBN 978-89-254-1861-2